Quevedo

O Bisbilhoteiro

Coleção Grandes Obras do Pensamento Universal

1 – Assim Falava Zaratustra – *Nietzsche*
2 – A Origem da Família, da Propriedade Privada e do Estado – *Engels*
3 – Elogio da Loucura – *Erasmo de Rotterdam*
4 – A República (parte I) – *Platão*
5 – A República (parte II) – *Platão*
6 – As Paixões da Alma – *Descartes*
7 – A Origem da Desigualdade entre os Homens – *Rousseau*
8 – A Arte da Guerra – *Maquiavel*
9 – Utopia – *Thomas More*
10 – Discurso do Método – *Descartes*
11 – Monarquia – *Dante Alighieri*
12 – O Príncipe – *Maquiavel*
13 – O Contrato Social – *Rousseau*
14 – Banquete – *Dante Alighieri*
15 – A Religião nos Limites da Simples Razão – *Kant*
16 – A Política – *Aristóteles*
17 – Cândido ou o Otimismo – O Ingênuo – *Voltaire*
18 – Reorganizar a Sociedade – *Comte*
19 – A Perfeita Mulher Casada – *Luis de León*
20 – A Genealogia da Moral – *Nietzsche*
21 – Reflexões sobre a Vaidade dos Homens – *Mathias Aires*
22 – De Pueris – A Civilidade Pueril – *Erasmo de Rotterdam*
23 – Caracteres – *La Bruyère*
24 – Tratado sobre a Tolerância – *Voltaire*
25 – Investigação sobre o Entendimento Humano – *David Hume*
26 – A Dignidade do Homem – *Pico della Miràndola*
27 – Os Sonhos – *Quevedo*
28 – Crepúsculo dos Ídolos – *Nietzsche*
29 – Zadig ou o Destino – *Voltaire*
30 – Discurso sobre o Espírito Positivo – *Comte*
31 – Além do Bem e do Mal – *Nietzsche*
32 – A Princesa de Babilônia – *Voltaire*
33 – A Origem das Espécies (Tomo I) – *Darwin*
34 – A Origem das Espécies (Tomo II) – *Darwin*
35 – A Origem das Espécies (Tomo III) – *Darwin*
36 – Solilóquios – *Santo Agostinho*
37 – Livro do Amigo e do Amado – *Lúlio*
38 – Fábulas – *Fedro*
39 – A Sujeição das Mulheres – *Stuart Mill*
40 – O Sobrinho de Rameau – *Diderot*
41 – O Diabo Coxo – *Guevara*
42 – Humano, Demasiado Humano – *Nietzsche*
43 – A Vida Feliz – *Sêneca*
44 – Ensaio sobre a Liberdade – *Stuart Mill*
45 – A Gaia Ciência – *Nietzsche*
46 – Cartas Persas I – *Montesquieu*
47 – Cartas Persas II – *Montesquieu*
48 – Princípios do Conhecimento Humano – *Berkeley*
49 – O Ateu e o Sábio – *Voltaire*
50 – Livro das Bestas – *Lúlio*
51 – A Hora de Todos – *Quevedo*
52 – O Anticristo – *Nietzsche*
53 – A Tranqüilidade da Alma – *Sêneca*
54 – Paradoxo sobre o Comediante – *Diderot*
55 – O Conde Lucanor – *Juan Manuel*
56 – O Governo Representativo – *Stuart Mill*
57 – Ecce Homo – *Nietzsche*
58 – Cartas Filosóficas – *Voltaire*
59 – Carta sobre os Cegos Endereçada àqueles que Enxergam – *Diderot*
60 – A Amizade – *Cícero*
61 – Do Espírito Geométrico - Pensamentos – *Pascal*
62 – Crítica da Razão Prática – *Kant*
63 – A Velhice Saudável – *Cícero*
64 – Dos Três Elementos – *López Medel*
65 – Tratado da Reforma do Entendimeno – *Spinoza*
66 – Aurora – *Nietzsche*
67 – Belfagor, o Arquidiabo - A Mandrágora – *Maquiavel*
68 – O Livro dos Mil Provérbios – *Lúlio*
69 – Máximas e Reflexões – *La Rochefoucauld*
70 – Utilitarismo – *Stuart Mill*
71 – Manifesto do Partido Comunista – *Marx e Engels*
72 – A Constância do Sábio – *Sêneca*
73 – O Nascimento da Tragédia – *Nietzsche*
74 – O Bisbilhoteiro – *Quevedo*
75 – O Homem dos 40 Escudos – *Voltaire*

FRANCISCO DE QUEVEDO

O BISBILHOTEIRO

TEXTO INTEGRAL

TRADUÇÃO
LILIANA RAQUEL CHWAT

Av. Profª Ida Kolb, 551 – Casa Verde
CEP 02518-000 – São Paulo – SP
Tel.: (11) 3855-2100
Fax: (11) 3857-9643
Internet: www.escala.com.br
E-mail: escala@escala.com.br
Caixa Postal: 16.381
CEP 02599-970 – São Paulo – SP

Francisco de Quevedo
O Bisbilhoteiro
Título original espanhol
La Vida del Buscón

Diagramação: Cibele Lotito Lima
Revisão: Maria Nazaré de Souza Lima Baracho
Capa: Cibele Lotito Lima
Colaborador: Luciano Oliveira Dias
Coordenação Editorial: Ciro Mioranza

ÍNDICE

Apresentação – .... – 7
Vida e Obras do Autor – .... – 9

Livro primeiro
I - Onde conta quem é e de onde – .... – 15
II - Como fui para a escola e o que nela me aconteceu – .... – 19
III - De como fui a uma tutela por ser criado de Dom Diego coronel – .... – 23
IV - Da convalescença e ida para estudar em Alcalá de Henares – .... – 29
V - Da entrada em Alcalá e as zombarias de que fui alvo por ser novo – .... – 33
VI - Das crueldades da alma e travessuras que fiz – .... – 37
VII - Da ida de Dom Diego, notícias sobre a morte de meus pais e a
resolução que tomei – .... – 43
VIII - Do caminho de Alcalá para Segóvia e o que me aconteceu nele – .... – 45
IX - Do que me aconteceu até chegar a Madri com um poeta – .... – 47
X - Do que fiz em Madri e o que me aconteceu até chegar em Cerecedilla, onde dormi – .... – 51
XI - Da hospedagem de meu tio e visitas. A cobrança de minha herança
e a volta para a corte – .... – 57
XII - De minha fuga e os acontecimentos nela ocorridos – .... – 61
XIII - O fidalgo prossegue o caminho e conta sobre sua vida e costumes – .... – 65

Livro segundo
I - O que me aconteceu na corte, quando cheguei, até o anoitecer – .... – 71
II - Onde se prossegue a matéria começada e outros estranhos acontecimentos – ... – 75
III - Prossegue a mesma matéria, até todo mundo ir parar na cadeia – .... – 81
IV - Onde se descreve a prisão, o que aconteceu nela até a velha ser açoitada,
os companheiros na vergonha, e eu no fiado – .... – 83
V - Como consegui pousada e a desgraça que me aconteceu – .... – 87
VI - Prossegue o mesmo com outros vários acontecimentos – .... – 91

VII - Prossegue a história com outros acontecimentos e desgraças notáveis – .... – 95
VIII - De minha cura e outros acontecimentos peregrinos – .... – 101
IX - Onde passo por representante e poeta – .... – 103
X - O que me aconteceu em Sevilha até embarcar para as Índias – .... – 107

Apresentação

A obra de Quevedo se caracteriza de modo geral pela sátira. Tradicionalmente considerado como autor satírico e burlesco, não pode ser desconsiderado como pensador político e moralista. Quase todas as suas obras salientam a defesa dos mais altos valores do espírito que se expressa, muitas vezes, por uma crítica impiedosa das mesquinharias e baixezas humanas. Com seu estilo direto e mordaz, chega a ser impiedoso e extremamente cruel.

A Vida do Bisbilhoteiro é uma história de época, que reproduz o mundo em que vivia o autor. Por meio de seus personagens, Quevedo aborda temas sociais, como o roubo, a libertinagem, a vida desregrada em grupo, apresentando tipos humanos descaracterizados pela falta de senso ético e de bons costumes e que agem sem refletir sobre seus atos e suas eventuais conseqüências; penetra também em temas de fundo religioso, enfocando a religião em si e esta defronte à bruxaria.

Quevedo utiliza uma linguagem cheia de frases de impacto, não poucas vezes de duplo sentido, nas quais o trágico adquire freqüentemente uma aparência ridícula. Exagera em suas descrições, aumentando desmesuradamente a feiúra física e moral de seus tipos humanos, além de lançar mão de chistes pesados, quando não macabros e grosseiros. Apesar de tudo, seus escritos têm uma força de expressão e uma criatividade que tornam sua leitura atraente e até divertida.

Ciro Mioranza

VIDA E OBRAS DO AUTOR

Francisco Gómez de Quevedo y Villegas nasceu em Madri em 1580. Fez todos os estudos pré-univeristários com os padres jesuítas, que lhe forjaram mente e espírito na filosofia aristotélico-tomista. Freqüentou depois a Universidade de Alcalá de Henares, onde estudou filosofia, línguas clássicas (grego, latim, hebraico) e modernas, especialmente italiano e francês. De caráter apaixonado e turbulento, envolvia-se em situações perigosas, o que o levou uma vez a bater-se em duelo; exímio esgrimista feriu gravemente seu oponente e colega de estudos, Don Diego de Carrillo; salvou-se da cadeia por intervenção de um duque. Transferiu-se então para a Universidade de Valladolid, onde passou a estudar teologia e patrística. Depois mergulhou em estudos de matemática e astronomia.

Considerado um dos homens mais eruditos da Espanha do século XVII, talvez só superado por Fray Luis de León (autor de *A Perfeita Mulher Casada*, obra publicada nesta coleção da Editora Escala), de quem Quevedo era amigo e admirador. Apesar de se dedicar muito à leitura e ao estudo, Quevedo jamais descurou de participar com grande empenho da vida social e política.

Exerceu importantes cargos políticos e obteve diversas honrarias, mas também foi vítima de perseguições, prisões e exílios. Desiludido de tudo, retirou-se em sua propriedade situada em Torre de San Juan Abad. Morreu, depois de alguns anos de exílio, na prisão em Villanueva de los Infantes no dia 8 de setembro de 1645.

PRINCIPAIS OBRAS

Los Sueños (1627)
La Hora de Todos (1636)
Historia y Vida de Buscón (1626)
El Parnaso Español (poesia) (1648)

História da vida do Bisbilhoteiro chamado Dom Pablos

Exemplo de vagabundos e espelho de avarentos

Livro Primeiro

Capítulo I

Onde conta quem é e de onde

Eu senhor, sou de Segóvia; meu pai chamava-se Clemente Pablo, natural do mesmo povoado (Deus o tenha no céu). Foi tal como todos dizem barbeiro, apesar de serem tão elevados seus pensamentos que não gostava que o chamassem assim, dizendo que era cortador de bochechas e alfaiate de barbas. Dizem que era de boa cepa, e do jeito que bebia, dava para acreditar.

Esteve casado com Aldonza Saturno de Rebollo, filha de Octavio de Rebollo Codillo, e neta de Lépido Ziuraconte. Suspeitava-se no povoado que não era cristã antiga, apesar de ela, pelos nomes de seus antepassados, dizer que descendia dos do triunvirato romano. Era bem-apessoada, e foi tão celebrada que no tempo em que viveu, os cantadores da Espanha diziam coisas sobre ela. Trabalhou bastante quando casou e mesmo depois porque as más línguas diziam que meu pai colocava o dois de paus para tirar o ás de ouros. Provou-o a todos os que fazia a barba com a navalha, enquanto os molhava, levantando seu rosto para o lavatório, um irmão meu de sete anos lhes tirava o que tivessem nas algibeiras. O anjinho morreu devido a uns açoites que lhe deram na prisão.

Por essas e outras ninharias esteve preso; mas conforme me contaram depois, saiu da prisão com tanta honra, que o acompanharam duzentos cardeais, mas a nenhum chamavam de eminência.

Dizem que as damas saíam na janela para vê-lo, pois meu pai foi sempre bonitão, a pé e a cavalo. Não o digo para me vangloriar, já que todos sabem que fujo disso.

Minha mãe pois, não teve calamidades. Um dia, elogiando-a, uma velha que me criou dizia que agradava tanto, que enfeitiçava a todos com quem tratava... Ver, pois, com que rosto de riso que ela ouvia isso de todos, era mais para atraí-los. Nem vou narrar as penitências que fazia. Tinha um aposento onde só ela entrava (algumas vezes, como eu era criança, podia), todo rodeado de caveiras que ela dizia que eram memórias da morte; outros para vituperá-la, pois eram as vontades da vida. Sua cama estava suspensa por cordas de enforcados e me perguntava: "O que pensas? Com esta lembrança aconselho a todos os que quero bem que se livrem delas, que vivam com a barba sobre os ombros, de modo que nem com mínimos indícios se saiba o que fizeram."

Houve grandes diferenças entre meus pais sobre a quem imitar no ofício, mas eu, que sempre tive pensamentos de cavalheiro desde pequeno, nunca me dediquei nem a um nem a outro. Dizia meu pai: "Filho, isso de ser ladrão não é arte mecânica, e sim liberal"; depois, suspirando dizia: "Quem não furta no mundo não vive. Por que pensas que os alguazis e alcaides nos aborrecem tanto? Algumas vezes nos desterram, outras nos açoitam e outras nos penduram, mesmo que nunca tenha chegado o dia de nosso santo. Não posso dizê-lo sem lágrimas", (chorava como uma criança o bom velho, lembrando-se das vezes que tinham lhe quebrado as costelas). "Eles não queriam que onde estão houvesse mais ladrões que eles e seus ministros; mas de tudo nos livra a boa astúcia. Em minha mocidade sempre andava pelas igrejas (certamente não por ser bom cristão). Muitas vezes teriam me levado na mula se tivesse falado no potro. Nunca confessei a não ser quando manda a santa mãe Igreja; assim, com isso e meu ofício, sustentei tua mãe o mais honradamente possível."

"Como você me sustentou?" disse ela com muita raiva (pesava-lhe que eu não me dedicasse a ser bruxo): "eu te sustentei e te tirei da cadeia com arte e sustentei-te nela com dinheiro. Se não confessavas, era por mérito teu ou pelas bebidas que te dava? Graças às minhas garrafas. E se não temesse que iam nos ouvir da rua, eu contaria de quando entrei pela chaminé e te tirei pelo telhado." Teria dito mais, porém, com a raiva que estava bateu e partiu um terço, de dentes de defuntos, que tinha. Quando se acalmaram eu lhes disse que desejava aprender a virtude, e que estava resolvido a ir em frente com meus bons pensamentos; por isso, pedi que me mandassem para a escola, pois sem ler nem escrever não era possível fazer nada. Aceitaram o que eu dizia, apesar de terem discutido durante um tempo. Minha mãe tornou a se ocupar de montar o terço de dentes e meu pai foi rapar alguém (assim disse ele), não sei se a barba ou o bolso; eu fiquei sozinho, dando graças a Deus de que tivesse me dado pais tão hábeis e preocupados com meu bem.

Capítulo II

Como fui para a escola e o que nela me aconteceu

No dia seguinte já estava comprada a cartilha e já tinham falado com o professor. Fui para a escola; ele me recebeu muito alegre, dizendo que tinha cara de homem agudo e de bom entendimento. Com isto, para não desmenti-lo, passei muito bem pela lição naquela manhã. O mestre me colocava junto a ele, ganhava a palmatória na maioria dos dias por chegar antes e era o último a ir embora, para fazer alguns serviços para a "Senhora" (assim chamávamos a mulher do professor). Mantinha a todos presos a ele com semelhante carinho. Me favoreceram demais, e com isso cresceu a inveja entre os outros meninos. Aproximava-me de todos os filhos de cavalheiros e particularmente de um filho de dom Alonso Coronel de Zuniga, com o qual juntava as merendas. Ia a sua casa nos feriados e estávamos sempre juntos. Os outros, porque não nos dávamos tanto, sempre estavam me colocando nomes referentes ao ofício de meu pai.

Uns me chamavam de dom Navalha, outros me chamavam de Ventosa... Outro dizia que tinham chamado meu pai para que fosse a sua casa matar ratos, chamando-o de gato. Outros me gritavam "cai fora!" quando passava e outros "cabeção". Um dizia: "Atirei duas berinjelas em tua mãe quando foi bispa." Apesar de disfarçar, eu sofria; um dia um rapaz se atreveu a me dizer gritando, filho de uma... feiticeira; e, como foi tão claro, atirei-lhe uma pedra, machucando-o. Fui correndo procurar minha mãe para que me escondesse, e contei-lhe tudo; ela me disse: "Fizeste muito bem; mostras quem és; só que deverias ter lhe perguntado quem disse isso."

Quando ouvi isso (sempre tive altos pensamentos), disse-lhe: "Ah mãe! me pesa só que alguns dos que estavam lá disseram que não tinha que me ofender por isso, e não perguntei se era pela pouca idade daquele que havia falado." Roguei que falasse se poderia tê-lo desmentido com a verdade... Riu e disse: "Não sejas bobo, fizeste muito bem quebrando a cabeça dele; essas coisas, mesmo que sejam verdade não devem ser ditas." Com isso fiquei determinado a pegar o que pudesse em poucos dias e sair da casa de meu pai; tão envergonhado estava. Disfarcei; meu pai curou o rapaz, apaziguou-nos e voltei para a escola, onde o mestre me recebeu com ira, até que, ouvindo o motivo da briga, aplacou sua zanga, considerando a razão que eu tinha.

O filho de dom Alonso de Zuniga, que se chamava dom Diego, sempre me visitava porque gostava de mim naturalmente. Trocava com eles piões (se os meus eram melhores). Almoçávamos juntos, e não pedia do que não comia; comprava estampas para ele, ensinava-o a lutar, brincava com ele e o distraía sempre. Os pais do cavalheirinho, vendo quanto gostava de minha companhia, rogava aos meus que me deixassem ficar para comer com ele, e mesmo dormir lá. Um dia perto do Natal, passava pela rua um homem chamado Pôncio de Aguirre e dom Dieguinho me disse: "Grita para ele, chama-o de Pôncio Pilatos".

O homem correu atrás de mim com uma faca para me matar; consegui fugir e entrei correndo na casa de meu mestre. O homem, gritando, entrou atrás de mim; meu mestre me defendeu para que não me matasse, prometendo que me castigaria. Assim, mesmo com a senhora rogando por mim, me açoitou dizendo depois de cada chicotada: "Dirás mais Pôncio Pilatos?" Eu respondia "Não senhor" e respondi mais vinte vezes a outras tantas chicotadas que me deu. Fiquei tão traumatizado em dizer Pôncio Pilatos e com tanto medo que, no dia seguinte na hora de dizer as orações, quando chegou o momento de dizer: "Padeceu sob o poder de Pôncio Pilatos", lembrando que não podia dizer mais Pilatos disse: "Padeceu sob o poder de Pôncio Aguirre".

O mestre achou tanta graça de ouvir minha simplicidade e de ver o medo que eu tinha, que me abraçou e me deu um crédito, dizendo-me que me perdoaria dos açoites nas duas primeiras vezes que os merecesse. Com isso fiquei muito contente.

Chegou o tempo do carnaval; o mestre nos deu folga e mandou que houvesse um rei dos galos. Tiramos a sorte entre doze indicados por ele e eu ganhei. Avisei a meus pais que me arranjassem roupas de gala. Chegou o dia e saí num cavalo ético e murcho, que tinha mais de manco que de bem criado; ia fazendo reverências. Tinha as ancas estreitas, quase não tinha rabo, seu pescoço era de camelo e tinha um olho só. Dava para ver as penúrias e o jejum que passava nas mãos de quem cuidava dele. Ia montado nele, balançando de um lado para outro, e as outras crianças iam, todas adornadas, atrás de mim; passamos pela praça (ainda me dá medo quando lembro) e chegando perto das mesas das verduras, meu cavalo pegou um repolho, que engoliu rapidamente. Uma mulher começou a gritar.

Aproximaram-se outras e com elas alguns malandros que, pegando cenouras, nabos, berinjelas e outros legumes, começaram a correr atrás de mim. Eu, vendo que essa batalha não era para ser feita a cavalo, tentei desmontar; mas deram tamanho golpe na cara do cavalo que ele empinou, caindo comigo (pedindo perdão por dizê-lo) numa privada; vocês podem imaginar como fiquei. Meus amigos já se haviam armado com pedras, e atiravam-nas contra as verdureiras, machucando duas.

Depois de ter caído na privada, era a pessoa mais necessária para a luta. Veio a justiça, prendeu as mulheres e os rapazes, vendo as armas que tinham e tirando-as, porque estavam usando umas adagas que levavam como enfeite e outros tinham pequenas espadas. Revistaram-me e viram que eu não tinha nenhuma arma, porque as tinha guardado numa casa para secar junto com a capa e o chapéu; quero confessar que quando começaram a atirar as berinjelas, nabos, etc., entendi que tinham me confundido com minha mãe e que atiravam as coisas como haviam feito muitas vezes; assim, como rapaz néscio, comecei a dizer: "Irmãs, apesar de usar plumas, não sou Aldonza Saturno de Rebollo, minha mãe"; como se elas não tivessem percebido pelo porte e o rosto.

O medo me desculpa a ignorância e a desgraça que aconteceu tão de repente. Voltando ao alguazil, ele quis me levar para a cadeia, mas não me levou porque não sabia por onde me pegar (tão sujo estava de lodo). Uns foram por um lado e outros por outro lado; eu fui para minha casa... Entrei nela, contei aos meus pais o que tinha acontecido e, fugindo de mim pelo jeito como estava, quiseram me maltratar. Eu coloquei a culpa no cavalo que me deram. Procurava satisfazê-los e, vendo que não era suficiente, saí e fui procurar meu amigo dom Diego; encontrei-o em sua casa todo machucado e seus pais tinham resolvido que não o mandariam mais para a escola. Ali tive notícias de como meu cavalo, vendo-se em aperto, reuniu forças para dar dois coices e, de tão fraco que estava, deslocou as ancas ficnado no lodo e ali acabando seus dias.

Valendo-me, pois, de uma festa estragada, de um povo escandalizado, de meu amigo machucado, e do cavalo morto, decidi não voltar mais para a escola nem para a casa de meus pais, mas ficar para servir dom Diego ou, para dizê-lo melhor, em sua companhia; seus pais faziam grande gosto disso, pois aprovavam essa amizade. Escrevi para minha casa dizendo que não precisava mais ir à escola, porque, mesmo não sabendo escrever bem, para minha intenção de ser cavalheiro, o que se requeria era escrever mal; e assim, renunciava à escola para não dar despesas e à sua casa para poupá-los de pesares. Avisei onde e como ficava e que, até que não me permitissem, não os veria.

Capítulo III

De como fui submetido a tutela por ser criado de Dom Diego coronel

Determinou, pois, dom Alonso colocar seu filho sob tutela; primeiro para afastá-lo de seu regaço e depois para economizar cuidados. Soube que havia em Segóvia um licenciado Cabra, que tinha o ofício de criar filhos de cavalheiros e enviou o seu para lá; a mim também, para que o acompanhasse e o servisse. Entramos no primeiro domingo depois da Quaresma em poder da fome, porque tal ornamentação não admite encarecimento. Era um clérigo zarabatana, de corpo comprido, cabeça pequena e cabelo vermelho. Não há o que dizer para quem sabe o refrão que diz: "Nem gato nem cão há daquela cor". Os olhos eram profundos e escuros, as barbas descoloridas de medo da boca que, de pura fome, parecia que ameaçava comê-la; faltavam muitos dentes, penso até que por falta de uso; o pescoço era comprido como de avestruz, com um gogó enorme; os braços eram secos e as mãos pareciam sarmentos.

Olhando do meio para baixo, parecia um garfo ou um compasso com duas pernas compridas e magras; seu andar era lento; o falar era ético; a barba era comprida por não cortá-la para não gastar; dizia que tinha nojo de ver as mãos do barbeiro mexendo em seu rosto e que antes preferia morrer; seu cabelo era cortado por algum rapaz. Usava um barrete nos dias de sol, furado e engordurado; era coisa que havia sido de pano com fundo de caspa. A batina, de acordo com o que diziam alguns, era milagrosa, porque não se sabia de que cor era. Uns diziam que era de couro de rã; outros diziam que era ilusão; de perto parecia preta e de longe, azul; usava-a sem faixa; não trazia nem colarinho nem punhos. Parecia, com os cabelos longos e a batina miserável e curta, um lacaio da morte. Cada sapato podia ser o túmulo de um filisteu. Seu aposento ainda não tinha aranhas; conjurava os ratos, de medo que roessem algumas migalhas que guardava; a cama estava no chão e dormia sempre de um lado para não gastar os lençóis; numa palavra, era eternamente muito pobre e a imagem da miséria.

Estive com dom Diego em seu poder; na noite que chegamos nos mostrou nosso aposento e conversou brevemente. Nos disse o que devíamos fazer e ficamos ocupados nisso até a hora de comer; lá fomos nós; comiam os amos primeiro e servíamos os criados. O refeitório era um aposento pequeno; cabiam na mesa até cinco cavalheiros. Procurei pelos gatos e como não os encontrei, perguntei a um criado antigo porque não havia nenhum; o coitado, magérrimo, me disse: "Como, gatos? Quem te disse que os gatos são amigos de jejum e penitências? Gordo como és, dá para ver que és novo aqui." Comecei a ficar aflito e me assustei mais quando percebi que todos os que já viviam lá pareciam lesmas e seus rostos pareciam barbeados com emplastro. Sentou-se o licenciado Cabra e deu uma bênção; comeram uma comida eterna, sem princípio nem fim; trouxeram um caldo numas tigelas de madeira, tão claro, que comendo nelas perigava mais Narciso que na fonte. Notei com que ansiedade os macilentos dedos corriam atrás de um grão-de-bico órfão e sozinho, que estava no chão. Dizia Cabra a cada colherada: "É verdade que não há coisa melhor que a panela, digam o que disserem; o resto é vício e gula." Pegando sua tigela disse: "Tudo isto é saúde e outro tanto criatividade." Que a criatividade acabe com você, pensei, quando vi um moço que parecia um espírito de tão magro, com um prato de carne nas mãos. Havia um nabo no meio e disse o mestre: "Não há nabos? Para mim não há perdiz que se iguale; comam, que gosto de vê-los comer." Repartiu para cada um tão pouco carneiro, que entre o que ficou nas unhas e entre os dentes, penso que acabou tudo, deixando excomungadas as tripas dos participantes. Cabra os olhava e dizia: "Comam que são moços e fico feliz de vê-los com tão boa vontade." Olhem que tempero para os que bocejavam de fome!

Acabaram de comer e sobraram umas migalhas na mesa; e no prato algumas peles e ossos; disse o tutor: "Isto é para os criados; eles também têm que comer, não podemos deixá-los sem nada." "Mal te faça Deus e o que comeste, pensava eu, pela ameaça que fizeste a minhas tripas!" Mandou outra benção e disse: "Demos lugar aos criados e vão fazer exercícios até as duas, para que não lhes faça mal o que comeram." Não pude conter o riso, abrindo a boca totalmente. Zangou-se muito, disse que eu deveria aprender modéstia, mais três ou quatro velhas frases e foi embora.

Sentamos; eu, vendo que a coisa estava feia e que minhas tripas pediam justiça, por ser mais saudável e forte que os outros, me atirei sobre o prato; todos se atiraram sobre o prato e consegui duas das três migalhas e uma pele. Os outros começaram a resmungar e com o barulho entrou Cabra dizendo: "Comam como irmãos, pois Deus lhes dá para que não briguem; há para todos." Voltou para o sol e nos deixou sós. Havia um deles que se chamava Surre, tão esquecido de como e por onde se comia, que uma casquinha que achou levou-a duas vezes aos olhos e não acertava encaminhar as mãos à boca. Eu pedi alguma coisa para beber (os outros que estavam quase em jejum não o faziam) e me deram um copo com água; nem o tinha levado à boca, quando, como se fosse pia de comunhão, o tirou de mim o moço de que falei.

Levantei-me com grande dor na alma. Me deu vontade de descomer (mesmo não tendo comido); perguntei pelos sanitários a um dos antigos e ele me disse: "Não sei, nesta casa não há; para uma vez que o utilizares enquanto estiveres aqui, faz onde quiseres; estou aqui há dois meses e só fiz isso no dia que cheguei, como tu agora, do que jantei em minha casa na noite anterior." Senti tanta tristeza que, considerando o pouco que haveria de entrar em meu corpo, não me atrevi (mesmo tendo vontade) de deixar sair nada.

Nós nos distraímos até a noite. Dom Diego me dizia o que ele iria fazer para persuadir as tripas que haviam comido, porque não queriam acreditar. Chegou a hora de jantar; a merenda passou em branco; jantamos muito menos e não carneiro, mas o nome do mestre, cabra assada. "É coisa muito saudável e proveitosa, dizia, jantar pouco para ter o estômago desocupado"; e citava uma porção de médicos infernais. Dizia louvores da dieta e que poupava o homem de sonhos pesados; sabendo que em sua casa não se podia sonhar outra coisa a não ser que comiam. Jantaram e jantamos todos, e não jantou ninguém.

Fomos deitar, e a noite toda nem eu nem dom Diego pudemos dormir; ele pensando em se queixar ao pai e pedir que o tirasse dali, e eu aconselhando-o a que não o fizesse, apesar de que por último eu disse: "Senhor, estás certo de que estamos vivos? Eu acho que na briga com aquelas mulheres nos mataram e que somos almas que estamos no purgatório; se for assim, não adiantaria pedir a seu pai que nos tire daqui; seria melhor que mansasse rezar alguma missa em altar privilegiado."

Entre essas conversas e um pouco que dormimos chegou a hora de levantar; deu seis horas e Cabra nos chamou para a aula; fomos e a ouvimos todos. Já minhas costas e quadris nadavam no colete e as pernas davam lugar a outras sete calças mostrava os dentes, todos amarelos, vestidos de desespero. Mandaram-me ler o primeiro nominativo para os outros e era tal minha fome, que comi a metade das razões.

Acreditará em tudo isto quem souber o que me contou o criado de Cabra, dizendo que tinha visto chegar dois cavalos frisões e que dois dias depois eram cavalos leves que saíram voando pelos ares; também, que viu chegar mastins pesados e que três horas depois viraram galgos corredores; contou que numa quaresma encontrou muitos homens, uns enfiando os pés, outros as mãos e outros o corpo inteiro no portal da casa (durante muito tempo); perguntando por que seria, zangou-se Cabra e respondeu que uns tinham sarna e outros frieiras; que, colocando-os dentro daquela casa morriam de fome, de modo que não comeriam daí em diante. Eu, que conheci a casa, acredito.

Voltando à lição, ele a passou e nós a decoramos; nossa vida continuou do jeito que contei. Só acrescentou à comida toucinho na panela, porque não sei o que lhe disseram sobre fidalguia. Ele tinha uma caixa de ferro toda furada, onde colocava um pedaço de toucinho; fechava-a e a pendurava com um barbante dentro da panela, para que saísse algum caldo pelos buracos, e o toucinho ficava para o dia seguinte. Depois, achando que gastava muito, só aproximava o toucinho da panela.

Dom Diego e eu estávamos tão mal que, depois de um mês, não queríamos levantar de manhã; tratávamos de dizer que estávamos doentes, mas não dissemos gripe, porque era fácil de reconhecer; dor de cabeça ou de dentes era mais fácil. Dissemos finalmente que doíam as tripas, confiando que para não gastar, não nos daria remédios. O diabo quis de outro modo, porque ele tinha uma receita que havia herdado de seu pai, que foi boticário. Chamando uma velha de setenta anos, que era tia dele, ordenou que nos fizesse enemas. Começou por dom Diego: o desventurado abaixou-se e a velha em lugar de colocá-lo para dentro, o jogou entre a camisa e a espinha, espirrando no pescoço.

Ele ficou gritando; veio Cabra e disse que me fizessem o outro, que depois voltariam para dom Diego. Eu resistia, mas não adiantou, porque Cabra e outros me seguraram; a velha tentou, mas devolvi tudo em sua cara. Cabra zangou-se muito comigo, dizendo que me mandaria embora de sua casa, mas não o quis minha sorte.

Nós nos queixamos a dom Alonso e Cabra fazia-o acreditar que não queríamos estudar. Nossas preces não adiantavam. Colocou na casa a velha, para que cozinhasse e nos servisse, despedindo o criado, porque sexta-feira pela manhã achou umas migalhas de pão em sua roupa. O que passamos com a velha só Deus sabe; era tão surda que não ouvia nada, entendia por sinais; era cega e tão rezadora, que um dia o terço partiu-se sobre a panela, e nos trouxe o caldo mais devoto que já comemos. Uns diziam: "Grão-de-bico preto? Sem dúvida são da Etiópia." Outros diziam: "Grão-de-bico de luto? Quem terá morrido?" Meu amo mordeu uma conta e quebrou um dente. Às sextas-feiras costumava nos dar uns ovos. Mil vezes achei vermes, gravetos e estopa na panela; tudo comia para que fizesse presença nas tripas e avolumasse.

Vivemos assim até a quaresma seguinte, quando um companheiro ficou doente. Cabra, para não gastar, não queria chamar o médico, até que ele já pedia um padre mais que outra coisa. Chamou então um praticante, o qual tomou-lhe o pulso e disse que a fome tinha chegado antes para matar aquele homem. Deram-lhe os Sacramentos e o coitado quando viu (já não falava) disse: "Meu Senhor, Jesus Cristo." Foi necessário vê-lo entrar nesta casa para me convencer de que não estou no inferno."

Morreu o pobre rapaz e o enterramos muito pobremente, por ser forasteiro ficamos todos assustados. Divulgou-se no povoado o caso atroz e chegou aos ouvidos de dom Alonso; como não tinha outro filho, acreditou nas crueldades de Cabra e começou a acreditar nas razões das duas sombras às quais estávamos reduzidos. Veio nos tirar de lá e vendo em que estado estávamos, sem esperar mais, tratou muito mal ao licenciado Vigília. Mandou nos levar em duas cadeiras; nos despedimos dos companheiros, que nos seguiam com os desejos e com os olhos, com a tristeza que fica aquele que vê seus companheiros serem resgatados.

Capítulo IV

Da convalescença e ida para estudar em Alcalá de Henares

Entramos na casa de dom Alonso e nos colocaram em duas camas, com muito cuidado, para que não se esparramassem os ossos, de tão roídos de fome que estavam. Trouxeram exploradores para que encontrassem nossos olhos; a mim, como tinha sido maior meu trabalho e a fome imperial (era tratado como criado), demoraram bastante para achá-los. Trouxeram médicos e mandaram que espanassem o pó de nossas bocas. Ordenaram que reforçassem a alimentação. Quem poderá contar a alegria que as tripas sentiram? Tudo era novidade.

Os doutores mandaram que durante nove dias ninguém falasse alto em nosso aposento, porque, como os estômagos estavam ocos, soava neles o eco de qualquer palavra. Com estas e outras prevenções, começamos a voltar e recobrar o alento. Levantamos depois de quatro dias e ainda parecíamos sombras, amarelos e fracos. Passávamos o dia agradecendo a Deus, por ter-nos resgatado do cativeiro do horroroso Cabra e rogávamos ao Senhor que nenhum cristão caísse em suas cruéis mãos.

Se por acaso enquanto comíamos lembrávamos das mesas do mau tutor, aumentava nossa fome e comíamos mais. Costumávamos contar a dom Alonso como, quando sentávamos à mesa, ele falava mal da gula (não a tendo conhecido nunca) e ria muito quando contávamos que no mandamento *Não matarás*, ele incluía perdizes e capões e tudo aquilo que não queria nos dar; e por conseguinte a fome, pois parecia que tinha por pecado, não só matá-la, mas feri-la.

Passaram três meses e depois disso dom Alonso tratou de enviar o filho a Alcalá, para estudar o que faltava da gramática. Perguntou-me se eu queria ir, e eu, que não desejava outra coisa a não ser sair da terra onde se ouvisse o nome daquele malvado perseguidor de estômagos, me ofereci para servir seu filho. Deu-lhe um criado para que fosse mordomo, governasse a casa e cuidasse do dinheiro que nos dava, remetido em notas para um homem chamado Julian Merluza. Pusemos os pertences na carroça de um tal Diego Monje; era uma meia cama e outra com rodinhas para colocá-la debaixo da minha e da do mordomo, que se chamava Aranda; cinco colchões, oito lençóis, oito cobertores, quatro tapetes, uma arca com roupas brancas e as demais coisas necessárias numa casa.

Entramos numa carruagem, saímos antes do anoitecer, e chegamos à meia-noite na sempre maldita hospedaria de Viveros. O hospedeiro era mouro e ladrão (na minha vida vi cão e gato juntos com a paz daquele dia). Festejou bastante nossa chegada e com ele os carroceiros que já tinham chegado antes, pois nós vínhamos devagar. Aproximou-se da carruagem e me ajudou a descer; perguntou-me se ia estudar e eu disse que sim. Levou-me para dentro onde havia dois rufiões..., um padre rezando, um velho mercador e dois estudantes. Meu amo, como o mais novo na hospedaria disse:

"Senhor hospedeiro, dê-nos o que houver, para mim e meus criados." "Todos o somos de vossa mercê, disseram prontamente os rufiões, e o serviremos. Hospedeiro, olhe que este cavalheiro agradecerá o que fizer; esvazie sua despensa." Dizendo isso, aproximou-se um e tirou-lhe a capa enquanto dizia: "Descanse você, meu senhor", e colocou-a num apoio. Com isso eu já me sentia o dono da hospedaria. Disse uma das ninfas: "Que boa estampa de cavalheiro! Vai estudar? Você é seu criado?" Eu respondi que era isso mesmo. Me perguntaram seu nome e quando o disse, um dos estudantes, meio chorando e dando-lhe um abraço muito apertado disse: "Oh! meu senhor dom Diego! Quem diria que dez anos depois encontraria você desta maneira! Infeliz de mim, que estou de modo tal que não me reconhecerá você!" Ele ficou admirado e eu também, pois juramos que nunca o tínhamos visto em nossa vida.

O outro companheiro, olhando para dom Diego disse ao seu amigo: "Este senhor é aquele de cujo pai me disseste tantas coisas? Grande felicidade a nossa foi encontrá-lo e conhecê-lo! Que Deus o guarde!"; e começou a se benzer. Quem não acreditaria que fomos criados juntos? Dom Diego estava perguntando seu nome, quando veio o hospedeiro e colocou as toalhas na mesa; sentindo o cheiro da fraude, disse: "Deixem isso para depois do jantar, porque esfria a comida." Veio um rufião e colocou assentos para todos e uma cadeira para dom Diego; o outro trouxe os pratos. Os estudantes disseram: "Jante você, que quanto a nós, nos darão o que houver; serviremos a mesa."

"Jesus, disse dom Diego, vocês podem se sentar, se estão servidos"; e a isto responderam os rufiões: "Logo, meu senhor, porque ainda não está tudo pronto." Quando eu vi uns convidados e outros se convidando, fiquei aflito e temi o que aconteceu, porque os estudantes pegaram a salada, que era um prato razoável, e olhando para meu amo disseram: "Não é possível que onde há um cavalheiro tão importante, fiquem estas damas sem comer; mande vossa mercê que peguem um bocado." Ele, dando uma de galante, convidou-as; sentaram-se e, entre os dois estudantes e elas, não deixaram, em quatro bocados, mais que um miolinho, o qual dom Diego comeu. O maldito estudante disse: "Um avô, tio de meu pai, quando via alface desmaiava; que homem aquele!" Dizendo isto, pegou um pãozinho, e outro... Sentaram-se os rufiões com meio cabrito assado, duas fatias de toucinho e uma porção de pombos cozidos, e disseram: "Padre, aproxime-se e sirva-se, que meu senhor dom Diego nos convidou a todos." Apenas disseram, já tinha sentado. Repartiram tudo e a dom Diego deram alguns ossos e patas; o resto foi engolido... pelos outros.

Diziam os rufiões: "Não jante muito, senhor, porque pode lhe fazer mal"; e replicava o maldito estudante: "É necessário se habituar a comer pouco para a vida em Alcalá." Eu e o outro criado rogávamos para que deixassem algo. Depois de terem comido tudo... um rufião nos disse: "Oh! como sou pecador! Não deixamos nada para os criados. Venham aqui vocês. Ah! senhor hospedeiro! Dê-lhes o que houver; aqui tem um dobrão." Logo que saiu o excomungado parente de meu amo (digo o estudante), disse: "Vossa mercê me perdoe, senhor fidalgo, deve saber algo de cortesia; conhece meu primo? Ele dará a seus criados e mesmo aos nossos se os tivéssemos, o que deu a nós. Não se zangue, que não o conheciam." Comecei a maldizê-lo quando vi como era hipócrita.

Tiraram as mesas e disseram a dom Diego que fosse deitar; ele queria pagar o jantar, mas disseram-lhe que o fizesse pela manhã. Ficaram conversando e ele perguntou o nome do estudante; este disse que se chamava dom Tal Coronel. Que arda no inferno o mentiroso, onde quer que esteja. Viu que o avarento dormia e disse: "Você quer rir? Pois zombemos deste velho que não comeu quase nada no caminho, sendo riquíssimo." Dizendo isso, chegou e tirou do velho que dormia, uns alforjes que estavam debaixo de seus pés; ao abrir viu que continham uma caixa com uma pasta branca. Tirou tudo e em seu lugar colocou pedras, paus e o que encontrou. Fechou a caixa e disse: "Ainda não basta porque tem bota." Tirou o vinho e pegando uma almofada de nosso carro, a encheu com lã e estopa, fechando-a depois. Todos foram deitar e o estudante colocou tudo nos alforjes; e na capa colocou uma pedra, indo dormir depois disso.

Chegou a hora de levantar, todos acordaram e o velho ainda dormia. Chamaram-no e, ao tentar levantar, não conseguia erguer a capa e o hospedeiro de propósito disse: "Por Deus, não achou outra coisa para levar que não fosse esta pedra? O que acham vocês se eu não tivesse visto? Estimo que vale mais de cem ducados, porque serve contra dor de estômago." Ele jurava, dizendo que não havia pegado a pedra.

Os rufiões fizeram as contas, que ficou em sessenta reais; Juan de Leganês não entenderia essa soma. Diziam os estudantes: "Como iremos servi-lo em Alcalá, ficamos acertados na despesa." Com estas e outras coisas chegamos à vila; entramos numa taverna e durante todo o dia (chegamos às nove), fizemos as contas do jantar passado e nunca conseguimos tirar a limpo a despesa.

Capítulo V

Da entrada em Alcalá e as zombarias de que fui alvo por ser novo

Antes de anoitecer saímos da taverna em direção à casa alugada para nós, que ficava fora da porta de Santiago; era um pátio de estudantes onde há muitos juntos, mas esta a tínhamos só entre três moradores diferentes. O dono e hospedeiro era daqueles que acreditam em Deus por cortesia ou falsamente; são chamados de mouros e há muitos deles no povoado; digo isto, confessando a muita nobreza que há entre as pessoas principais. Recebeu-me o hospedeiro com pior cara que se eu fosse o Santíssimo Sacramento; não sei se o fez para que lhe tivéssemos respeito, ou porque era seu natural; não é muito que tenha má condição quem não tenha boa lei. Colocamos nossas bagagens, acomodamos as camas e o resto e dormimos aquela noite.

Quando amanheceu, vieram todos os estudantes pedir a patente a meu amo. Ele, que não sabia o que era, perguntou-me o que queriam. Eu, no entanto, para me prevenir, me acomodei entre dois colchões, deixando só parte da cabeça para fora, parecendo uma tartaruga. Pediram duas dúzias de reais; deram-nas a eles e cantando começaram uma gritaria dos diabos, dizendo:"Viva o companheiro e seja admitido em nossa amizade; goze dos benefícios de antigo; pode ter sarna, andar manchado e padecer de fome." Depois disto voaram pelas escadas e nós nos vestimos e tomamos o caminho da escola. A meu amo apadrinharam alguns colegiais conhecidos de seu pai e entrou no seu grupo; mas eu, que tinha de entrar em outro diferente, fui sozinho e comecei a tremer. Entrei no pátio e quando me viram, me encararam e começaram a dizer: "Novo." Eu, para disfarçar, comecei a rir, como não dando importância; mas não foi suficiente, porque aproximando-se oito ou nove, começaram a rir também. Fiquei vermelho, pois o que estava ao meu lado tampou o nariz e disse: "Lázaro vai ressuscitar, pelo jeito que fede"; com isto, todos se afastaram tampando o nariz. Eu, pensando em fugir, coloquei a mão também e disse: "Vocês têm razão, cheira muito mal."

Acharam graça e se afastaram, já havia uns cem. Aqui deve ser considerada minha angústia; fizeram uma gritaria tal que me deixaram surdo. Eu, de acordo com o que jogaram sobre mim de seus estômagos, pensei que para economizar médicos e boticas aguardavam os novos para se purgar. Depois disso quiseram me dar pescoções, porém não havia onde, sem levar nas mãos metade do azeite de minha negra capa, já branca por meus pecados. Deixaram-me e fui para casa; quase não acerto entrar nela e foi sorte que fosse de manhã, porque só encontrei dois ou três rapazes que me deram três ou quatro tapas e foram embora. Entrei em casa e o mouro, que me viu, começou a rir e fazer como se fosse cuspir em mim. Eu, temendo que o fizesse, disse: "Espera hospedeiro, que não sou *Ecce-Homo*."

Não deveria tê-lo dito, porque me deu dois socos sobre os ombros com os pesos que trazia. Meio zonzo subi e demorei bastante buscando por onde pegar a capa; pendurei-a no terraço e deitei. Veio meu amo e me encontrou dormindo; como não sabia da nojenta aventura, ficou zangado e começou a puxar meus cabelos; com mais dois puxões me deixaria calvo. Levantei-me gritando e queixando-me e ele muito zangado disse: "Esse é um bom modo de me servir, Pablos? Já é outra vida." Quando ouvi dizer outra vida, pensei que tinha morrido e disse: "Muito me anima você em meus trabalhos; veja como ficou minha capa, que serviu de lenço aos maiores narizes que eu já vi."

Dizendo isso comecei a chorar. Vendo meu pranto acreditou e, procurando pela capa, ao vê-la compadeceu-se de mim, dizendo: "Pablos, abre o olho, cuida de ti, porque aqui não tens pai nem mãe." Contei o que havia acontecido e mandou que tirasse a roupa e fosse para meu aposento, que era onde dormiam quatro criados dos donos da casa.

Deitei e dormi e à noite, depois de ter jantado bem, já me sentia forte como se nada tivesse acontecido; mas quando começam as desgraças, parece que nunca terminarão, que estão encadeadas e umas trazem outras. Vieram se deitar os outros criados e perguntando-me todos se eu estava mal, como estava na cama, contei-lhes o caso; nesse momento, como se neles não houvesse nenhum mal, começaram a se benzer dizendo: "Não se faria entre luteranos. Há tanta maldade!" Outro dizia: "O Reitor é culpado por não remediar isso. Saberá quem são?" Respondi que não e agradeci pela boa vontade. Com isso terminaram de tirar a roupa, deitaram, apagaram a luz e eu dormi; parecia que estava com meu pai e meus irmãos.

Devia ser meia-noite quando um deles me acordou gritando: "Ai que me matam! Ladrões!" Soavam em sua cama umas vozes e golpes de chicote. Levantei a cabeça e disse: O que é isso?" De repente levei uma chicotada nas costas. Comecei a me queixar, quis me levantar; o outro queixava-se também. Disse: "Justiça de Deus!", mas choviam as chicotadas em cima de mim e, como já tinha tirado os cobertores, o remédio foi me jogar debaixo da cama. Os três que dormiam começaram a gritar também; eu pensei que era alguém de fora que estava batendo em nós. Cessaram os açoites e se levantaram gritando os quatro. "É uma grande velhacaria, e não vai ficar assim", diziam.

Eu ainda estava debaixo da cama, me encolhendo como cachorro que tinha apanhado; parecia um galgo com cãibra. Fingiram que fechavam a porta, e eu então saí de onde estava; deitei na minha cama perguntando se todos estavam bem; todos queixavam-se muito. Me cobri e tornei a dormir... Fiquei pensando que era mais o que tinha acontecido comigo em um dia, que tudo que tinha passado com Cabra. Ao meio-dia me vesti, limpei a capa o melhor que pude, e aguardei meu amo que, chegando, perguntou-me como eu estava. Comeram todos e eu comi pouco e de má vontade. Depois disso nos juntamos no corredor para conversar; os outros criados depois de me vaiar, contaram a brincadeira. Riram todos e fiquei mais zangado; pensei: "Cuidado, Pablos, alerta." Propus começar vida nova e com isso, amigos novamente, vivemos daí em diante como irmãos; e na escola e nos pátios ninguém me incomodou mais.

Capítulo VI

Das crueldades da alma e travessuras que fiz

"Faz o que vires" diz o refrão e diz bem. De tanto pensar nisso resolvi ser velhaco com os velhacos e se possível mais que todos. Não sei se consegui, mas fiz o possível. Em primeiro lugar decretei pena de morte a todos os porcos que entrassem na casa e a todos os frangos que passassem pelo meu aposento. Um dia entraram dois porcos com a melhor aparência que já vi na minha vida; eu estava brincando com os criados, quando os ouvi grunhir, disse a um deles: "Vai lá e veja quem grunhe em nossa casa". Voltou dizendo que eram dois porcos. Saí dizendo que era muito atrevimento vir grunhir em casa alheia; dizendo isso, enfiei a espada no peito e depois os degolamos.

Para que não se ouvisse o barulho que faziam, todos nós gritávamos junto e cantávamos. Tiramos as entranhas, recolhemos o sangue e quando chegaram nossos amos já tínhamos acabado (mais ou menos) o serviço. Ainda não estavam prontos os chouriços, que pela pressa estavam pela metade. Quando dom Diego e o mordomo souberam o que havia acontecido, ficaram zangados comigo. Dom Diego me perguntava o que iria dizer se me acusassem e a justiça me prendesse. Eu respondi que diria que foi por fome, que é sagrada para os estudantes, e se não fosse suficiente diria: "Como entraram sem bater na porta, como se fosse sua casa, pensei que eram nossos." Todos riram das desculpas. Era curioso ver meu amo tão quieto e religioso, e eu tão travesso, porque um exagerava para o outro a virtude ou o vício. Não cabia a ama de contentamento comigo, porque os dois éramos mal-humorados; havíamos conjurado contra a despensa. Eu era o despenseiro Judas, e desde então herdei não sei que amor pela economia no ofício. A carne não guardava em mãos da ama a ordem retórica, porque sempre ia de mais para menos; quando podia colocar cabra ou ovelha, não colocava cordeiro; as panelas ficavam tísicas de tão magras. Na Páscoa, para diferenciar, e que a panela ficasse gorda, costumava jogar tocos de vela de sebo.

Ela dizia (na minha frente) ao meu amo: "Certamente não há serviço como o do Pablinhos, se ele não fosse travesso; conserve-o, que dá para suportar que seja travesso, por sua fidelidade." Eu, por conseguinte, dizia o mesmo dela, e assim enganávamos a todos. Quando comprávamos azeite, carvão ou toucinho, escondíamos a metade e dizíamos: "Moderem-se com as despesas, pois se vão tão depressa, não batarão os bens do rei. Já acabou o azeite ou o carvão, mande comprar mais; dêem dinheiro ao Pablinhos." Eles davam e vendíamos a metade do que havíamos escondido, com o que comprávamos a outra metade; fazíamos isso com tudo. Se alguma vez comprava eu algo pelo que valia, brigávamos de propósito a ama e eu. Ela fingia estar zangada e dizia: "Não digas isso a mim, Pablinhos, que estes são dois quartos de salada."

Eu fazia de conta que chorava, gritava e ia me queixar com meu senhor; o apertava para que mandasse o mordomo fazer a ama se calar e ela de propósito teimava. Com isso garantíamos o amo e o mordomo e ficavam agradecidos, a mim pelas obras, e na alma ao céu pelo seu bem. Dizia dom Diego muito satisfeito de mim: "Tomara fosse Pablinhos aplicado à virtude, como é confiável; tudo isso é lealdade. O que podem dizer dele?"

Nós os tivemos, assim, sugando-os como sanguessugas; era grande a soma em dinheiro no final do ano. Era muito, mas não obrigava à restituição, porque a ama confessava e comungava de oito em oito dias, e nunca vi rastro nem intenção de devolver nada, nem de escrúpulos, como digo, de ser uma santa. Trazia sempre um terço no pescoço, tão grande que seria mais leve carregar um feixe de lenha. Nele estavam penduradas muitas imagens, cruzes e contas de perdões. Dizia que rezava todas as noites por seus benfeitores. Contava cento e tantos santos advogados seus; na verdade necessitava de todas essas ajudas para se limpar do que pecava. Dormia em um aposento acima de meu amo e rezava mais orações que um cego. Começava pelo Justo Juiz e terminava com o *Conquibules* (como dizia) e a *Salve Rainha*. Dizia as orações em latim de propósito para se fingir de inocente; com isso morríamos de tanto rir.

Pensará você que sempre estivemos em paz; quem ignora que os amigos, cobiçosos, se estão juntos procurarão enganar uns aos outros? A ama criava galinhas no curral; eu tinha vontade de comer uma e havia doze ou treze frangos grandinhos; um dia quando os estava alimentando, começou a dizer: "Pio, pio", muitas vezes. Ouvindo o modo como os chamava comecei a gritar: "Oh corpo de Deus, ama! Não terás matado um homem ou furtado moedas ao rei, coisa que eu pudesse calar e não haver feito o que fizeste que é impossível deixar de dizer? Desgraçados eu e tu!"

Ela, como viu que eu falava com tanta veracidade, perturbada disse: "Pablos, o que fiz? Se estás zombando, não me desesperes mais." "Como zombaria? Não posso deixar de dar parte à Inquisição, porque se não o fizer estarei excomungado." "Inquisição?", disse ela e começou a tremer "Fiz alguma coisa contra a fé?" "Isso é pior, disse eu; não brinques com os inquisidores, diz que foste boba e que te retratas, e não negues a blasfêmia e desacato." Ela com medo disse: "Pablos, se me retrato, me castigarão?" Eu respondi: "Não, logo te absolverão." "Pois eu me desdigo, disse. Mas me diz do que, porque eu não o sei." "É possível que não percebeste em quê? Nem sei como dizê-lo; o desacato é tão grande, que me assusta. Não lembras que disseste aos frangos pio, pio e que Pio é nome de dois Papas, vigários de Deus e cabeças da Igreja?"

Ela ficou como morta, e disse: "Pablos, eu o disse, mas que Deus me perdoe se foi com maldade. Eu me desdigo; vê se há um jeito para evitar de me acusar, porque vou morrer se me encontrar na Inquisição." "Se juras em um altar consagrado que não tiveste maldade, te garanto que poderei deixar de te acusar; mas será necessário que esses dois frangos que comeram chamando-os com o santíssimo nome dos pontífices, eu os leve para que alguém os queime, porque estão estragados; depois disso, deves jurar não reincidir de modo algum."

Ela, muito contente, disse: "Leva-os agora, que amanhã eu juro." Eu, mais para garantir, disse: "O pior, Cipriana (esse era seu nome), que corro um risco de que alguém possa me maltratar. Leva-os tu, porque tenho medo." "Pablos, disse ela, pelo amor de Deus, tenha pena de mim e leve-os; a você não pode acontecer nada."

Deixei que me pedisse muito e finalmente (que era o que queria) peguei os frangos, os escondi em meu quarto, fiz que ia sair e voltei dizendo: "Saiu melhor do que eu pensava; aquele criado queria vir atrás de mim para ver a mulher, mas eu o enganei e negociei." Me deu mil abraços e outro frango para mim; fui até onde tinha deixado os outros e levei-os até a casa de um pasteleiro, onde pedi para fazer um cozido, que comemos com os criados. A ama e dom Diego souberam da trama e a casa toda a celebrou muito. A ama ficou tão chateada que quase morreu; de brava que estava, quase contou dos nossos acertos.

Eu, vendo que estava em maus lençóis com a ama, e que não podia zombar mais, tentei pensar em alguma coisa. Nisto aconteceu-me uma coisa engraçada, porque estava indo uma noite às nove (que já tem pouca gente na rua) pela rua Maior e vi uma confeitaria; havia lá um cesto cheio de passas e rapidamente o peguei e corri. O confeiteiro correu atrás de mim, junto com os criados e vizinhos. Vendo que, mesmo levando vantagem, podiam me alcançar, virei a esquina, sentei sobre o cesto e embrulhei a perna com a capa; comecei a gemer com a mão na perna, dizendo: "Ai, que Deus o perdoe por ter me pisado." Ao ouvir isso, me perguntaram: "Viu um homem passar, irmão?" "Foi para lá e pisou-me, louvado seja o Senhor."

Saíram correndo e eu fiquei sozinho; levei o cesto para casa, contei o que tinha feito e não quiseram acreditar, apesar de terem achado graça; convidei-os para repetir o feito qualquer outra noite.

Vieram, mas vendo que as caixas estavam dentro da loja e que não as podiam pegar, disseram que era impossível, e ainda mais porque o confeiteiro estava alerta (pelo que tinha acontecido com as passas). Vim e com a espada na mão entrei na loja e disse: "Morra", dando uma estocada na frente do confeiteiro; ele deixou-se cair pedindo confissão, e eu espetei uma caixa e saí correndo. Ficaram espantados de ver a cena e morrendo de rir porque o confeiteiro dizia que olhassem, que sem dúvida estava ferido e que era um homem com o qual havia discutido. Quando olhou e viu como estavam as outras caixas que estavam em volta, percebeu o que tinha acontecido e, benzendo-se, deixou por isso mesmo. Confesso que nunca tinha sentido gosto melhor. Diziam os companheiros que eu sozinho podia sustentar a casa com as coisas que pegava; que é o mesmo que furtar, dito de outro modo.

Como eu era um rapaz e me elogiavam a criatividade com que saía dessas travessuras, me animavam a fazer outras mais. Assim, prometi a dom Diego e a todos os companheiros que uma noite tiraria as espadas do pessoal da ronda. Decidimos qual haveria de ser e fomos juntos, eu na frente; observando-os, cheguei com outro dos criados da casa, muito alvoroçado, e disse: "Justiça?" Responderam: "Sim." "É o corregedor?" Disseram que sim. Me ajoelhei e disse: "Senhor, em suas mãos está meu remédio e minha vingança e muito proveito para a república; mande o senhor me ouvir a sós, se quiser uma grande prisão." Afastou-se, e já os soldados estavam empunhando as espadas. Eu disse: "Senhor, vim de Sevilha seguindo seis homens, os mais malvados do mundo, todos ladrões e matadores de homens; entre eles vem um, que matou minha mãe e um irmão para roubar. Eles vêm acompanhando, conforme ouvi dizer, uma francesa; suspeito, pelo que os ouvi dizer (e baixando a voz) que é Antonio Pérez."

Com isto o corregedor deu um pulo e disse: "Aonde estão?" "Senhor, não se detenha, que as almas de minha mãe e irmão lhe pagarão com orações e o rei, aqui." "Jesus! não nos detenhamos, sigam-me todos." Eu lhe disse (afastando-o de novo): "Senhor, vai se perder se fizer isso; é importante que todos entrem sem espadas e um por um; eles estão nos aposentos e usam pistolas e, vendo entrar com espadas, como somente a justiça as usa, atirarão. Com adagas é melhor e pegá-los por trás pelos braços, já que somos muitos." Quando nos aproximávamos, o Corregedor mandou que pusessem as espadas, escondidas, debaixo de umas plantas perto da casa; ali as puseram e foram embora. Eu já tinha avisado a um que, quando as deixassem, pegasse as espadas e fosse para casa; assim foi feito. Ao entrar todos, fiquei atrás do último e, entrando eles misturados com outras pessoas, desviei para uma viela e com certeza nem um galgo me alcançaria.

Eles entraram e não viram nada a não ser estudantes e malandros, que é tudo a mesma coisa, começaram a me procurar; não me achando, começaram a suspeitar; quando foram procurar as espadas, não encontraram nada. Quem contará as diligências que fez o Corregedor com o Reitor naquela noite? Andaram pelos pátios tentando reconhecer rostos.

Chegaram em casa; eu, para que não me reconhecessem, estava deitado na cama de touca, com uma vela na mão e um Cristo na outra, e um companheiro clérigo me ajudando a morrer; os outros, rezando as litanias. Chegou o Reitor e a justiça e, vendo o espetáculo, saíram, certos de que ali não poderiam encontrar nada. Não olharam nada e o Reitor me dedicou um responso. Perguntou se eu já havia perdido a fala e disseram que sim; com isso foram embora, desesperados por achar uma pista, jurando que o enforcariam, mesmo que fosse filho de algum grande.

Levantei da cama e até hoje não param de solenizar a brincadeira em Alcalá.

Para não encompridar, deixo de contar como fazia na praça para sustentar a lareira da casa o ano inteiro. Com estas e outras coisas comecei a ganhar fama de travesso. Os cavalheiros me favoreciam e só me deixavam servir dom Diego, a quem sempre respeitei, pelo muito amor que me tinha.

Capítulo VII

Da ida de Dom Diego, notícias sobre a morte de meus pais e a resolução que tomei

Nesse tempo chegou para dom Diego uma carta de seu pai, que trazia também uma de meu tio chamado Alonso Ramplón, homem virtuoso e muito conhecido em Segóvia por ser chegado à justiça. Tudo o que por ali tinha sido feito nos últimos quarenta anos tinha passado pelas suas mãos. Era verdugo, para dizer a verdade, porém, uma águia no ofício. Ao vê-lo, sentia-se vontade de se deixar enforcar. Este me escreveu uma carta de Segóvia, dizendo:

Carta

Filho Pablos (pelo muito amor que me tinha me chamava assim): As grandes ocupações deste lugar, nas quais me tem ocupado sua majestade, não me deram lugar a fazer isto; se algo tem de mau em servir o rei é o trabalho, apesar de contar com a negra honra de ser seu criado. Pesa-me te dar notícias não agradáveis. Teu pai morreu faz oito dias com o maior valor com que podia um homem morrer; digo-o como quem o enforcou. Subiu no asno sem colocar o pé no estribo. Ia com grande soltura olhando as janelas e saudando os que paravam para olhá-lo; mandava os confessores descansar e elogiava o que diziam de bom. Chegou ao local, colocou o pé na escada, e vendo um degrau quebrado, virou-se para a justiça e disse para que o consertassem porque nem todos tinham sua paciência. Sentou-se lá em cima, alisou a roupa, pegou a corda e colocou-a no pescoço; vendo que o vigário queria pregar, irou-se e disse: "Padre, faça de conta que pregou, diga um pouco do Credo e acabemos logo, que não gostaria de parecer meticuloso." Assim se fez. Pediu-me que lhe pusesse o capuz e que limpasse sua baba, e assim o fiz. Caiu sem encolher as pernas nem fazer gestos. Dei-lhe sepultura pelos caminhos; Deus sabe quanto me pesava vê-lo neles, fazendo mesa franca aos trapaceiros, mas entendo que os pasteleiros desta terra nos consolarão, acomodando-o como puderes. Sobre tua mãe, mesmo estando viva agora, quase posso dizer o mesmo; está presa na Inquisição de Toledo porque desenterrava os mortos... Diz que representava num auto o dia da Trindade com quatrocentos de morte; pesa me; desonra nos a todos e a mim principalmente, já que sou ministro do rei, e estes parentescos me caem mal. Filho, aqui ficaram não sei quais bens escondidos de teus pais; em total serão uns quatrocentos ducados; sou teu tio e o que tenho será para ti. Em vista disso, podes vir para cá; com o que sabes de latim e retórica serás singular na arte de ser verdugo. Responde logo e que Deus te guarde, etc.

    Não posso negar que senti muito; mas descansei em parte (tanto podem os vícios nos pais, que consolam suas desgraças, por maiores que sejam para os filhos). Fui procurar dom Diego, que estava lendo a carta de seu pai, onde mandava que fosse embora sem me levar, devido a que tinha ouvido falar sobre minhas travessuras. Disse-me como determinava ir e tudo o que seu pai mandava, que lhe pesava me deixar, e a mim mais. Disse-me que me acomodaria com outro cavalheiro amigo seu, para que o servisse. Sorrindo, lhe disse: "Senhor, eu sou outro e outros meus pensamentos; me interessa chegar mais alto e ter mais autoridade, porque se até agora tinha, como todo mundo, minha pedra, agora tenho meu pai." Declarei que havia morto tão honradamente como o mais esticado; como o trincharam e fizeram moeda, e como me havia escrito meu tio o verdugo sobre a prisão de minha mãe; que a ele, que sabia quem eu sou, pude me descobrir sem vergonha. Sentiu muito e me perguntou o que pensava fazer. Contei-lhe sobre minhas determinações. Com isto, no dia seguinte ele foi embora para Segóvia muito triste e eu fiquei na casa disfarçando minha desventura. Queimei a carta, para que ninguém a lesse, e comecei a dispor minha partida para Segóvia com a intenção de pegar meus bens e conhecer meus parentes, para fugir deles.

Capítulo VIII

Do caminho de Alcalá para Segóvia e o que me aconteceu nele

Chegou o dia de me afastar da melhor vida que acho ter vivido. Deus sabe o que senti ao deixar tantos amigos. Vendi o pouco que tinha, para o caminho, e com ajuda de umas trapaças juntei seiscentos reais. Aluguei uma mula e saí da pousada, de onde não tinha mais que minha sombra para levar. A quem contarei as angústias do sapateiro pelo fiado, as solicitudes da ama pelo salário, os gritos do hospedeiro pela casa? Uma dizia: "Meu coração sempre o disse." Outro: "Bem me diziam que era um sem-vergonha." Finalmente saí tão benquisto do povoado, que deixei com minha ausência a metade chorando e a outra metade rindo dos que choravam.

Ia me entretendo pelo caminho considerando essas coisas, quando, depois de Torote, encontrei um homem a cavalo, o qual ia falando sozinho e com muita pressa; estava tão absorto que nem me viu. Cumprimentei-o e me cumprimentou; perguntei aonde ia, e começamos a conversar. Dizia ele de que modo poderia se ganhar a Terra Santa, e de como se ganharia Argel, onde pude ver que era louco pela república e pelo governo. Prosseguimos com a conversa, íamos de uma coisa para outra e falamos de Flandres. Aqui começou a suspirar e dizer: "Mais custam a mim esses Estados que ao rei, porque há quatorze anos que ando com um arbítrio que, sendo impossível, se não o fosse, já estaria tranqüilo." "O que pode ser (disse eu) que, sendo tão conveniente, seja impossível e não pode ser feito?" "Quem te disse que não se pode fazer? Pode se fazer, que seja impossível é outra coisa. Se não fosse para chatear-lhe, contaria o que é; agora penso fazer outros trabalhinhos, entre os quais dou ao rei idéias para ganhar Ostende por dois caminhos."

Roguei que os dissesse e, tirando da algibeira, me mostrou pintado o forte inimigo e o nosso, e disse: "Vê que a dificuldade está neste pedaço de mar; pois eu dou ordem de chupá-lo todo com esponjas e tirá-lo dali."

Dei muita risada com esse desatino; olhando-me, disse: "Todos a quem o disse riram também; é que a todos dá grande contentamento." "Tenho certeza (disse eu) de ouvir uma coisa tão nova e com tanto fundamento; mas note que quando chupa a água que houver, o mar mandará mais." Não fará o mar tal coisa (me respondeu); já tenho pensado um invento para afundar aquela parte doze estágios."

Não me atrevi a replicar, de medo que dissesse que podia mandar o céu aqui para baixo; nunca tinha visto um doido tão grande. Dizia-me que Juanelo não havia feito nada; que ele pensava agora subir toda a água do Tejo para Toledo de outro modo mais fácil. Finalmente me disse: "Não penso colocar em execução se primeiro o rei não me der a encomenda; que bem posso tê-la e sou muito honrado." Com essas conversas e desconcertos chegamos a Torrejón, onde ele ficou, já que vinha visitar um parente.

Capítulo IX

Do que me aconteceu até chegar a Madri, com um poeta

Andei mais de uma légua sem encontrar ninguém. Ia eu pensando nas muitas dificuldades que tinha para professar honra e virtude, pois era necessário cancelar primeiro a pouca de meus pais e logo que me desconhecessem por ela. Achava tão bons esses pensamentos honrados, que os agradecia a mim mesmo. Dizia a sós: "Mais há de se agradecer a mim, que não tive de quem aprender virtude, que quem a herda de seus avós."

Com estas razões e discursos ia, quando encontrei um clérigo muito velho numa mula, que estava a caminho de Madri. Começamos a conversar e ele me perguntou de onde eu vinha. Eu lhe disse que de Alcalá. "Maldiga Deus (disse ele) tão má gente, pois faltava entre tantos um homem de discurso." Perguntei-lhe como ou porque dizia isso desse lugar onde havia tantos homens doutos; ele, muito zangado, disse: "Doutos? Eu te direi que são tão doutos que depois de quatorze anos em Majalahonda (onde fui sacristão), as canções ao Corpus e ao Nascimento, não me premiaram com uns cantarezinhos que, para que você veja a desfeita que me fizeram, vou lê-los. E começou deste modo:

Pastores, não é linda piada,
Que hoje é o senhor São Corpus Criste?
É dia das danças

Em que o Cordeiro sem mancha
Tanto se humilha,
Que visita nossas barrigas,
E entre essas bem-aventuranças
Entra no humano bucho.
Soe o lindo trombone,
Pois nosso bem consiste.
Pastores, não é linda piada?, etc.

"Que mais poderia dizer (disse ele) o próprio inventor das piadas? Olha que mistérios encerra aquela palavra dos pastores; custou-me mais de um mês de estudos." Não consegui conter o riso, que me saía aos borbotões pelos olhos e pelo nariz; dando uma gargalhada, eu disse: "Que admirável! Mas noto que chama de São Corpus Criste; e Corpus Christi não é santo e sim o dia da instituição do Santíssimo Sacramento." "Que bonito é isso! (me respondeu zombando). Eu te darei um calendário; está canonizado e apostarei nisso a cabeça." Não consegui teimar, perdido de tanto rir, ao ver a suma ignorância; disse-lhe que os versos eram dignos de qualquer prêmio e que não havia visto coisa tão engraçada na vida. "Não? (disse ele). Pois ouça um trecho de um livro que fiz para as onze mil virgens, onde para cada uma compus cinqüenta oitavas, coisa linda."

Eu, para me salvar de ouvir tantos milhões de oitavas, supliquei que não dissesse coisa ao divino; assim, começou a recitar uma comédia que tinha mais jornadas que o caminho para Jerusalém. Dizia ele: "Eu a fiz em dois dias, este é o rascunho"; e seriam até cinco mãos cheias de papel. O título era *A arca de Noé*. Tratava de galos, ratos, jumentos, raposas e javalis, como as fábulas de Esopo.

Elogiei o aspecto e a invenção; ao que respondeu: "Isso é coisa minha, espero que não tenham feito outra igual no mundo, mais que nada pela novidade; se a faço representar, será famosa." "Como poderia ser representada (disse eu), se a devem fazer os próprios animais, e eles não falam?" "Essa é a dificuldade; se não fosse por isso, haveria coisa mais bonita? Já pensei em fazê-la com papagaios e periquitos, que falam, e colocar macacas no intervalo." "Certamente, é uma coisa belíssima."

"Outras mais belas já fiz (disse) por uma mulher a quem amo; fiz novecentos e um sonetos e doze versos." Confesso que tive medo de tantos versos ruins; mudei o rumo da conversa e comecei a falar de outras coisas. Dizia que via lebres; "Pois começarei por um, onde a comparo a esse animal", e começava; eu para brincar dizia: "Está vendo aquela estrela que se vê de dia?" Ao que ele respondeu: "Acabando este lhe direi o soneto trinta, onde a chamo de estrela." Fiquei aflito de ver que qualquer coisa que eu falava, ele já tinha feito algum verso.

Quando vi que estávamos chegando a Madri, não cabia em mim de alegria, entendendo que de vergonha ele calaria; mas foi ao contrário, porque para mostrar o que era, elevou a voz entrando pela rua. Eu lhe supliquei que parasse, dizendo que se as crianças percebessem um poeta, viria todo mundo atrás de nós, por terem sido declarados loucos numa palestra que havia saído contra eles, de um que foi e se recolheu à boa vida. Pediu-me que a lesse e prometi fazê-lo na pousada. Fomos para uma, onde ele costumava ficar e encontramos na porta mais de doze cegos.

Alguns o reconheceram pelo cheiro e deram-lhe as boas-vindas. Abraçou a todos e logo começaram a lhe pedir a oração para o Justo Juiz em verso grave e sentencioso, de modo tal que provocasse gestos; outros pediram o das almas e assim foram, recebendo oito reais de sinal de cada um. Despediu-se e disse: "Estes cegos vão me valer mais de trezentos reais; e assim, com sua licença, me recolherei para fazer algumas delas e, terminando de comer, ouviremos a palestra." Oh vida miserável! Pois nenhuma o é mais que a dos loucos, que ganham a comida com os que o são.

Capítulo X

Do que fiz em Madri e o que me aconteceu até chegar em Cerecedilla, onde dormi

Recolheu-se um tempo para estudar heresias e tolices para os cegos. Chegou a hora do jantar; jantamos; a seguir pediram que lesse a palestra. Eu, por não ter o que fazer, tirei-a e li; coloco-a aqui, pois me pareceu aguda e conveniente ao que se quis repreender nela. Dizia o seguinte:

Palestra contra alguns tipos de poetas

O sacristão achou muita graça e disse: "Falei que era para amanhã. Por Deus que entendi que falava comigo, mas é só contra alguns tipos de poetas." Deixei o prólogo e comecei o primeiro capítulo que dizia:

"Levando em conta que este tipo de canalhas que chamam poetas são nosso próximo e cristãos (mesmo ruins), vendo que o ano inteiro adoram sobrancelhas, dentes e sapatilhas, cometendo outros pecados enormes; mandamos que na Semana Santa recolham todos os poetas públicos... e que os convençam do erro que cometem, e procurem convertê-los. Para isso indicamos casas de arrependidos.

Considerando a grande vergonha que há nos versos dos poetas do sol, colocamos perpétuo silêncio nas coisas do céu, indicando meses vedados nas musas, como a caça e a pesca, para que não se esgotem com a pressa que lhes dão.

Havendo considerado que esta seita infernal de homens condenados a perpétuo conceito, despedaçadores de vocábulos e alteradores de razões, atribui esse mal da poesia às mulheres; declaramos que nos damos por compensados com este mal que fizemos, por aquele nos fizeram no início do mundo. Porque aquele está pobre e necessitado, mandamos queimar os versos dos poetas, como faixas velhas, para tirar o ouro, prata e pérolas, pois na maioria dos versos fazem suas damas de todos os metais.

Aqui o sacristão não agüentando mais, levantou-se e disse: "Mais não, só tirar nossos bens! Não continue; penso apelar, e não com as mil e quinhentas, e sim com o juiz, para não causar prejuízo a meu hábito e dignidade; em seu prosseguimento gastarei o que tenho. Bom seria que eu, sendo eclesiástico, tivesse que padecer este agravo. Eu provarei que os versos do poeta clérigo não estão sujeitos a tal premissa; depois irei averiguá-lo perante a justiça."

Em parte achei graça, mas não queria deter-me (estava ficando tarde); disse-lhe: "Senhor, esta premissa é feita por graça; não tem força nem persuade, por falta de autoridade." "Oh! coitado de mim! (disse muito alvoroçado). Se tivesse me avisado, teria me poupado a maior tristeza do mundo. Sabe o que é ter oitocentos mil versos e ouvir isto? Prossiga e que Deus perdoe o susto que me deu." Prossegui dizendo:

Considerando que depois de deixar de ser mouros (apesar de conservarem algumas relíquias), transformaram-se em pastores, e por esse motivo o gado anda magro, de tanto beber suas lágrimas; chamuscado com suas almas acesas e tão absortos em sua música, que não pastam; mandamos que deixem tal ofício, designando ermitãos aos amigos da solidão; e aos outros (por ser ofício alegre), que sejam cuidadores de mulas"...

"Olhem como ficaria bem para um homem como eu ser ermitão! E um homem como o sacristão seria cuidador de mulas? Ah! senhor, isso é muito triste."

"Já lhe disse (repliquei) que são brincadeiras, e que as tome como tais." Continuei dizendo:

"Para evitar os grandes furtos, mandamos que não passem versos de Aragão para Castela, nem da Itália para a Espanha, sob pena de andar bem vestido o poeta que o fizer, e se reincide, de andar despido em uma hora."

Achou muita graça, porque sua batina estava tão velha e com tanta lama que, para se enterrar, só precisava esfregá-la por cima; com ela haveria esterco para duas roças.

Assim, meio rindo, disse-lhe que mandava ter, entre os desesperados que se enforcam e despencam, as mulheres que se apaixonam por poetas. E considerando a grande quantidade de versos, canções e sonetos que houve nesses anos férteis, mandamos que os arquivos que, por seus deméritos escapassem, fossem para as privadas, sem apelação." Para terminar cheguei ao último capítulo, que dizia assim:

Considerando com olhos de piedade que há três tipos de gente na república, tão miseráveis que não podem viver sem tais poetas, como os farsantes, cegos e sacristãos, mandamos que possa haver alguns oficiais desta arte, contanto que tenham carta de exame dos chefes dos poetas; limitando os poetas de farsantes que não terminem os entreatos com diabos, nem as comédias em casamentos; que se desterrem os vocábulos *fraternal* e *pundonor*; que não digam *a presente obra* e *tombar*; aos sacristãos que não façam canções com Gil nem Pascoal, que não façam jogos de palavras, nem que mudem o título e repitam as canções.

Finalmente, mandamos a todos os poetas que descartem Júpiter, Vênus, Apolo e outros deuses, sob pena de tê-los por advogados na hora da morte."

Todos os que ouviram a palestra gostaram; só o sacristão começou a reclamar que era uma sátira contra ele, pelo que se dizia dos cegos e que ele sabia melhor que ninguém o que tinha que ser feito. Acabou dizendo: "Sou o homem que esteve numa pousada com Liñán e comi mais de duas vezes com Espinel"; disse que já tinha estado em Madri tão perto de Lope de Vega como estava de mim; que tinha visto dom Alonso de Ercilla mil vezes; que tinha em sua casa um retrato do divino Figueroa; que tinha comprado as calças que deixou Padilla quando se tornou frade, e que as estava usando. Mostrou-as, e todos acharam tanta graça que não queriam sair da pousada.

Já eram duas horas e como tínhamos que ir embora, saímos de Madri. Eu me despedi dele e fui em direção ao porto. Quis Deus, para que não fosse pensando no mal, que me encontrasse com um soldado; começamos a conversar; ele me perguntou se vinha da corte. Disse que tinha passado por ela. "A coisa está assim (disse); é povoado para gente ruim; mas prefiro... estar em um lugar com neve até a cintura, comendo madeira, que sofrer as coisas que se fazem a um homem de bem."

Disse-lhe que na corte havia de tudo e que estimavam muito qualquer homem de sorte. "Que estima (disse muito zangado), se estive seis meses pretendendo uma bandeira, depois de vinte anos de serviço e haver deixado meu sangue a serviço do rei, como mostram estas feridas!" Mostrou-me uma ferida de um palmo; a seguir me mostrou nos calcanhares outros dois sinais e disse que eram de balas; eu achei por umas que eu tinha que eram frieiras. Tirou o chapéu e mostrou-me o rosto; tinha marcas de facada no nariz e três cicatrizes que pareciam um mapa de tantas linhas. "Estas (disse), foram feitas em Paris a serviço de Deus e do rei e só recebi boas palavras que deram lugar a maus gestos. Leia estes papéis, que não saiu da campanha homem tão marcado."

E dizia a verdade, porque estava todo machucado. Começou a tirar rolos de lata e a mostrar papéis, que deviam ser de outro de quem havia tomado o nome. Eu os li e disse mil coisas, elogiando-o; disse que nem El Cid nem Bernardo haviam feito o que ele fez. Deu um pulo e disse: "Como eu? Voto a Deus que nem García de Paredes, Julián Romero nem outros homens de bem. Pese ao diabo! Voto a Deus, que não haveria Bernardo para uma hora deste tempo. Pergunte em Flandres pela façanha do Mellado e verá o que dizem." "É você, por acaso?" "Não vê a marca que trago? Mas não falemos nisso, porque fica feio que um homem elogie a si mesmo."

Íamos conversando quando encontramos, montado num jumento, um ermitão com uma barba tão comprida que fazia lodo com ela; macilento e vestido com um pano pardo. Nós o cumprimentamos com o *Deo gratias* costumeiro e começou a elogiar os trigais, e neles, a misericórdia do Senhor. O soldado disse: "Ah! padre, mais espessas já vi eu as lanças sobre mim; e juro por Cristo, que fiz em Amberes o que pude; sim, juro por Deus." O ermitão o repreendeu para que não jurasse tanto. O soldado respondeu: "Dá para ver, padre, que não foi soldado, pois me repreende meu próprio ofício". Achei graça de ver como mostrava os soldados; percebi que era um malandro, porque entre eles não há costume tão chato. Chegamos ao porto; o ermitão rezava o terço; o soldado ia comparando as rochas aos castelos que tinha visto, e olhando qual lugar era forte e onde deveria se colocar a artilharia. Eu os olhava; tanto temia o terço do ermitão como as mentiras do soldado.

"Eu mandaria pelos ares, com pólvora, grande parte deste porto, dizia, e faria boa obra aos caminhantes."

Com estas e outras conversas chegamos a Cerecedilla; entramos na pousada os três juntos, quando começava a anoitecer; mandamos pedir o jantar, era sexta-feira; o ermitão disse: "Entretenhamos-nos um pouco, que o ócio é a mãe dos vícios, joguemos Ave-Marias"; e deixou cair da manga o desencadernado. Ri quando vi aquilo. O soldado disse: "Não, joguemos até cem reais que eu tenho, em amizade." Eu, cobiçoso, disse que jogaria outro tanto e o ermitão, para não fazer feio, aceitou e disse que tinha óleo de lâmpada, que valia duzentos reais. Começamos a jogar; o bom foi que disse que não conhecia o jogo e pediu que lhe ensinássemos. Deixou-nos, o bem-aventurado, jogar duas rodadas e depois deu-nos tal lavada, que nos deixou brancos na mesa. Herdou-nos em vida; perdia uma simples e ganhava doze boas. Eu roía as unhas, enquanto o frade usava as suas em minha moeda. Invocava todos os santos e acabou por nos limpar; quisemos jogar por prendas e ele (depois de ter ganhado de mim seiscentos reais, que era o que eu tinha, e os cem do soldado), disse que aquilo era entretenimento e que éramos próximos.

"Não jurem (dizia), porque eu que me encomendo a Deus, vou bem." E como nós não sabíamos a habilidade que tinha entre os dedos e o pulso, acreditamos; o soldado jurou que não juraria mais, e eu também..." Que coisa!, dizia o pobre alferes (ele me contou que o era), me vi entre luteranos e mouros e não padeci tal despojo."

Ele achava graça de tudo isso. Tornou a tirar o rosário para rezar; eu que não tinha mais nem um tostão, pedi-lhe que me desse o jantar e que pagasse a pousada até Segóvia pelos dois. Prometeu fazê-lo; comeu sessenta ovos. Nunca tinha visto em minha vida uma coisa assim! Disse que ia se deitar e dormimos todos numa sala, porque os quartos estavam ocupados. Eu fui deitar com uma enorme tristeza e o soldado chamou o hospedeiro pedindo-lhe que guardasse seus papéis com as caixas de lata que os continham e um embrulho com camisas velhas. Deitamos e o padre se benzeu, e nós pedimos sua bênção; perdi o sono pensando como faria para tirar o dinheiro dele. O soldado falava dormindo dos cem reais, como se não estivessem perdidos.

   Chegou a hora de levantar, pediu luz e trouxeram; e o hospedeiro trouxe o embrulho do soldado, mas esqueceu dos papéis. O pobre alferes enchia a casa de gritos pedindo que lhe desse os serviços. O hospedeiro perturbou-se e como todos pedíamos que os desse a ele, foi correndo e trouxe três penicos dizendo: "Aqui estão, um para cada um." O soldado levantou-se com a espada e foi atrás do hospedeiro, jurando que ia matá-lo porque zombava dele, trazendo penicos em lugar dos papéis que tinha lhe dado. Dizia o hospedeiro: "O senhor pediu os serviços; eu não estou obrigado a saber que na linguagem dos soldados chamam-se assim os papéis das façanhas." Nós nos acalmamos e voltamos para o aposento. O ermitão receoso, ficou na cama, dizendo que o susto tinha lhe feito mal. Pagou por nós e saímos em direção ao porto, chateados por não ter podido tirar o dinheiro dele.

   Vimos os muros de Segóvia e meus olhos se alegraram, apesar de que, a lembrança do acontecido com Cabra, contradizia minha alegria. Cheguei à cidade e na entrada vi meu pai no caminho, me aguardando. Me enterneci, e entrei diferente de como tinha saído, com um pouco de barba e bem vestido. Deixei a companhia e procurei alguém que conhecesse meu tio na cidade, não achei ninguém. Aproximei-me de um grupo de gente para perguntar por Alonso Ramplón, mas ninguém sabia dele, dizendo que não o conheciam. Fiquei contente de ver tantos homens de bem na minha cidade, quando vi meu tio fazendo das suas. Vinha uma procissão de gente nua e na frente meu tio; vinha tocando marchinhas nas costelas de cinco alaúdes. Eu, que olhava tudo isso com um homem (a quem tinha dito que era um grande cavalheiro), vi meu tio; ele também me viu e correu para me abraçar, me chamando de sobrinho. Pensei que ia morrer de vergonha; não me virei para me despedir daquele com quem estava. Fui com meu tio e ele me disse: "Fica por aqui, enquanto termino com esta gente; logo iremos embora e hoje você comerá comigo." Disse que o aguardaria ali e me afastei, tão envergonhado, que se não dependesse dele para receber minha herança, não falaria com ele nunca mais na minha vida.

   Acabou de fazer o que estava fazendo, voltou e me levou para sua casa, onde comemos.

Capítulo XI

Da hospedagem de meu tio e visitas. A cobrança de minha herança e a volta para a corte

Meu bom tio tinha seu alojamento junto ao matadouro, na casa de um aguadeiro. Entramos e me disse: "Não é uma fortaleza a pousada, mas acredita, sobrinho, que serve para meus negócios." Subimos uma escada, e aguardei para ver o que me acontecia lá no alto e se tinha alguma diferença com a da forca.

Entramos num aposento tão baixo, que andávamos nele como quem recebe bênçãos, com as cabeças baixas. Colocou o chicote num prego que estava perto de outros onde estavam pendurados cordas, laços, facões e outras ferramentas do ofício. Disse-me que tirasse a capa e sentasse. Meu tio disse que havia tido a ventura de encontrá-lo em boa ocasião e que comeria bem, porque tinha convidado uns amigos.

Nisto, entrou pela porta, com uma roupa até os pés, roxa, um dos que pedem para as almas e fazendo soar a caixinha disse: "Tanto me renderam al almas hoje, como a você os açoitados; encaixa." Levantou a roupa o desalmado e começou a dançar, perguntando se Clemente não tinha aparecido por lá. Meu tio disse que não, quando, embrulhado em um trapo e com tamancos, entrou um porqueiro. Eu o reconheci pelo chifre que trazia na mão; para andar na moda, só se enganou por não trazê-lo na cabeça.

Cumprimentou-nos a seu modo e atrás dele entrou um mulato canhoto e vesgo, com um chapéu de aba enorme e mais copa que uma nogueira; sua espada tinha mais gaviões que a caça do rei e um colete de anta. Seu rosto estava cheio de cicatrizes.

Entrou e se sentou, cumprimentando os da casa, dizendo a meu tio: "Alonso, pagaram bem o Romo e o Garroso". O das almas disse: "Eu dei quatro ducados para o Flechinha, verdugo de Ocaña, para que espantasse o burro e não levasse a chicotada de três solas, quando me aplaudiram." "Viva Deus! (disse o ajudante), que eu paguei mais a Lobrezno de Murcia, porque o jumento ia tão devagar que parecia uma tartaruga e o velhaco os assentou de modo tal que a única coisa que levantou foram galos." O criador de porcos disse: "Minhas costas estão virgens". "Outro interveio:" Cada porco tem sua vez". "Disso posso me vangloriar (disse meu tio), entre quantos manejam o chicote, em quem me é encomendado, faço o que devo. Sessenta me deram os de hoje e levaram açoites de amigo, com chicote simples."

Percebi como eram honrados os que conversavam com meu tio; confesso que fiquei vermelho, pois não consegui disfarçar a vergonha. O ajudante percebeu e disse: "É o padre que padeceu outro dia, a quem deram uns empurrões?" Respondi que não era homem que padecia como eles. Meu tio levantou-se e disse: "É meu sobrinho, mestre em Alcalá." Desculparam-se e ofereceram sua amizade.

Eu estava louco por comer, pegar minha herança e fugir do meu tio. Colocaram as mesas e com uma corda, num chapéu, como sobem as esmolas os prisioneiros, subiam a comida de uma taverna que tinha nos fundos da casa, nuns pedaços de pratos e tigelas. Ninguém poderá imaginar meu sentimento e afronta. Sentaram-se para comer. Não quero dizer o que comemos, só que era tudo para beber. O ajudante bebeu três copos de vinho puro. O porqueiro brindou. Não havia memória de água, e menos vontade dela.

Apareceram na mesa cinco pastéis. Depois de ter tirado a massa folhada, disseram um responso todos, com seu *requiem eternam*, pela alma do defunto, de quem eram aquelas carnes. Meu tio disse: "Lembra, sobrinho, o que escrevi a respeito de teu pai." Me veio à memória; eles comeram e eu olhava; sempre que como pastéis, rezo uma ave-maria para quem Deus o tem.

Acabaram duas jarras, entre o ajudante e o das almas, que ficaram com as suas de modo tal que, quando vieram umas salsichas, pretas como dedos de negro, disse um para que traziam esse guisado. Meu tio já estava de tal maneira que, esticando a mão e pegando uma, disse com voz rouca e os olhos meio fechados: "Sobrinho, juro por este pão que Deus criou a sua imagem e semelhança, que nunca comi melhor carne escura." Eu vi o ajudante pegando o saleiro e dizendo: "O caldo está quente", e o porqueiro com um punhado de sal, dizendo: "É um bom aviso para beber", e o enfiou na boca. Comecei a rir por um lado e me irritar por outro.

Trouxeram caldo e o das almas pegou com ambas as mãos a tigela dizendo: "Deus benzeu a limpeza"; e levantando-a para tomá-la, derramou-a toda, assando-se no caldo. Ficou todo envergonhado. Quando se viu assim, quis se levantar, e como pesava a cabeça, quis se segurar na mesa, que estava solta; virou-a e molhou a todos, dizendo que o porqueiro o havia empurrado. O porqueiro, vendo que o outro vinha caindo em cima dele, levantou, e com o instrumento de osso deu-lhe um soco. Agarraram-se pelos punhos e, como tinha sido mordido, com a alteração e os chacoalhões, o porqueiro vomitou tudo que tinha comido nas barbas do outro. Meu tio, que estava mais em seu juízo, perguntava quem tinha trazido tantos clérigos.

Tentei restaurar a paz e separei os dois; levantei do chão o ajudante, que chorava com grande tristeza; joguei meu tio na cama; tirei o chifre do porqueiro e finalmente me afastei deles quando vi que dormiam.

Saí da casa; fiquei a tarde inteira passeando para ver minha terra. Passei pela casa de Cabra e fiquei sabendo que tinha morrido; não perguntei de que, sabendo que há tanta fome no mundo.

Voltei para casa depois de quatro horas e encontrei um acordado, engatinhando pelo quarto, procurando a porta e dizendo que tinha perdido a casa. Levantei-o e deixei os outros dormirem até as onze da noite, quando acordaram; espreguiçando-se, meu tio perguntou a hora. O porqueiro respondeu que tinha sido só um cochilo. O pedinte, como pôde, pediu sua caixinha: "Folgaram muito as almas para ter a seu cargo meu sustento"; e foi, em lugar de ir para a porta, para a janela; como viu estrelas, chamou os outros gritando, dizendo que o céu estava estrelado ao meio-dia e que havia um grande eclipse. Benzeram-se todos e beijaram o chão.

Vendo que o pedinte era um velhaco, fiquei escandalizado e pensei que devia ter cuidado com semelhantes homens. Com essas vilezas e infâmias que via, crescia em mim o desejo de me ver entre gente importante e cavalheiros. Mandei-os embora um por um, do melhor jeito que pude; deitei meu tio e me acomodei entre algumas roupas que havia por lá.

Passamos assim a noite; pela manhã tratei com meu tio de reconhecer meus bens e cobrá-los. Acordou dizendo que estava moído e que não sabia porquê. Levantou-se, tratamos de minhas coisas e tive muito trabalho por ser um homem tão bêbado e rústico. Afinal consegui que me desse notícias de parte de meus bens, não de tudo; me deu uns trezentos ducados que meu bom pai tinha ganhado, e deixado em confiança com uma boa mulher a cuja sombra se furtava dez léguas em volta.

Recebi e embolsei meu dinheiro, que meu tio não tinha bebido ou gastado, que foi farto por ser um homem de tão pouca razão, porque pensava que eu me formaria com este e que, estudando, podia ser cardeal. Disse-me: "Filho Pablos, terás muita culpa se não cresces e és bom, pois você tens a quem te parecer. Levas o dinheiro; não vou te falhar; quanto sirvo e quanto tenho, guardo para ti." Agradeci muito a oferta.

Passamos o dia conversando e devolvendo a visita aos personagens citados. Passaram a tarde jogando taba meu tio, o porqueiro e o pedinte. Este jogava missas como se fosse qualquer outra coisa. Era de se ver como manejavam a taba.

Chegou a noite; eles foram embora e nós deitamos cada um em sua cama; ele tinha arranjado um colchão para mim. Amanheceu e antes que ele acordasse, levantei e fui embora para uma pousada, sem que ele percebesse; fechei a porta por fora e passei a chave por uma fresta.

Como disse, fui para uma pousada para me esconder e me preparar para ir para a corte. Deixei uma carta fechada, que continha minha idéia e as causas, avisando-o que não me procurasse, porque eternamente não queria vê-lo.

Capítulo XII

De minha fuga e os acontecimentos nela ocorridos

Partia naquela manhã da pousada um tropeiro com cargas para a corte; tinha um jumento e o alugou para mim; saí e o aguardei do lado de fora. Quando saiu, montei no jumento e comecei minha jornada. Ia dizendo a mim mesmo: "Lá ficarás, velhaco, desonra bons, ginete de gargantas."

Considerava eu que ia para a corte, onde ninguém me conhecia (era o que mais me consolava) e que utilizaria minha habilidade. Lá pensei em pendurar os hábitos e usar roupas curtas, na moda. Mas voltemos às coisas que meu tal tio fazia, ofendido com a carta que dizia:

Carta

"Senhor Alonso Ramplón: Depois de me haver Deus feito tão importantes mercês como me tirar meu pai e ter minha mãe em Toledo (onde, pelo menos sei que virará fumaça), só me faltava ver que lhe façam o que o senhor faz a outros. Pretendo ser um de minha linhagem, porque dois é impossível, se não caio em suas mãos e destrinchando-se de mim como faz com outros. Não pergunte por mim, porque quero negar o sangue que temos. Sirva ao rei e a Deus."

Não quero pensar nas blasfêmias e opróbrios que dirá contra mim. Voltemos a meu caminho. Ia eu desejoso de não cruzar com ninguém, quando desde longe, vi um fidalgo com sua capa, espada, calças justas e botas, bem posto, ao parecer; seu colarinho estava aberto e o chapéu de lado. Suspeitei que era um cavalheiro que tinha deixado para trás sua carruagem; chegando perto cumprimentei. Olhou-me e disse: "Você, nesse jumento, irá muito mais descansado do que eu com todo este aparato." Eu, que pensava que o dizia por ter deixado a carruagem e os criados para trás, disse: "Na verdade, senhor, acho melhor isto que a carruagem, porque aquelas sacudidas me inquietam." "Qual carruagem atrás?" disse ele muito alvoroçado; ao virar-se de repente, como fez força, partiu-se o cinto e caíram as calças. Vendo como eu ria, pediu-me outras, emprestadas.

Eu lhe disse: "Por Deus, senhor, se não aguarda seus criados, eu não posso socorrê-lo, porque só tenho estas." "Só podes estar zombando, porque não entendo isso de criados." Pediu-me se eu não podia deixá-lo subir um pouco no jumento, pois estava cansado de andar com as calças nas mãos. Movido pela compaixão apeei e ajudei-o a subir; fiquei espantado quando vi que na parte de trás, coberta pela capa, tinha marcas de facadas que as nádegas deixavam à vista. Quando percebeu que tinha visto, disse: "Senhor, nem tudo que reluz é ouro; você deve ter pensado, pelo colarinho aberto e minha presença, que eu era um conde."

Eu lhe garanti que estava convencido das diferentes coisas que eu via. "Eis-me aqui (replicou), você um fidalgo, de casa e solar montanhês que, se como sustento, a nobreza me sustentasse, não teria mais o que pedir; porém, senhor licenciado, sem pão nem carne não se sustenta o bom sangue; e pela misericórdia de Deus todos o têm vermelho e não pode ser fidalgo, quem não tem nada. Já caí em executórias, depois que, estando em jejum durante um dia inteiro, quiseram me dar, numa taverna, duas fatias. Digamos que não têm letras de ouro! Mas valeria mais o ouro nas pílulas do que nas letras e seria mais proveitoso; mas, há muito poucas letras com ouro. Já vendi até minha sepultura por não ter onde cair morto; os bens de meu pai Toribio Rodriguez Vallejo Gómez de Ampuero (tinha todos esses nomes), perdeu-se numa fiança; somente restou o dom para vender e sou tão desafortunado que não encontro ninguém com necessidade dele."

Confesso que, mesmo misturadas com risadas, as calamidades do fidalgo me entretiveram. Perguntei como se chamava, para onde ia e para quê. Disse todos os nomes de seu pai dom Toribio Rodriguez Vallejo

Gómez de Ampuero y Jordán. Nunca se viu nome tão pomposo. Disse-me que ia para a corte, onde cabem todos e onde há mesas francas para estômagos aventureiros; "nunca quando entro nela me faltam cem reais na bolsa, cama, comida e regozijo do vedado, porque na corte é como se houvesse a pedra filosofal, que torna ouro tudo o que se toca."

Eu vi o céu aberto e, para me entreter durante o caminho, roguei que me contasse como e com quem viviam na corte os que, como ele, não tinham nada, porque achava difícil; porque não só se contenta cada um com suas coisas, mas ainda solicitam as alheias. "Há muitos desses, filho, e muitos dos outros; a lisonja é a chave-mestra, que abre todas as vontades com esses povos. Para que não seja difícil o que digo, escute meus casos e esclarecerá sua dúvida."

Capítulo XIII

O fidalgo prossegue o caminho e conta sobre sua vida e costumes

"O primeiro que tens que saber é que na corte há sempre o mais néscio e o mais sábio, o mais rico e o mais pobre, e os extremos de todas as coisas; que disfarça os maus e esconde os bons, e que nela há alguns tipos de gente (como eu) que não se lhes conhece nem raiz nem móvel, nem de onde descendem os tais. Entre nós nos diferenciamos com diferentes nomes. Nossa advogada é a habilidade; passamos a maioria das vezes com os estômagos vazios, já que é grande trabalho trazer a comida em mãos alheias. Somos susto dos banquetes, traças das tavernas e convidados pela força; nos sustentamos do ar e andamos contentes. Somos gente que comemos um alho-poró e fazemos de conta que é um leitão; se entra alguém em nossa casa, encontrará nossos aposentos cheios de ossos de carneiro e aves e cascas de frutas; recolhemos isso à noite pelas ruas, para nos honrar com isso de dia. Quando entra um hóspede dizemos: "Será possível que essa moça não varra a casa? Desculpe o senhor, mas comeram aqui uns amigos, e estes criados...", etc. Quem não nos conhece, acredita que é verdade.

O que direi de como comer em casas alheias? Falando com alguém, conhecemos sua casa e, sempre na hora de mastigar, dizemos que nos levam seus amores. Se perguntam se já comemos e ainda não começaram, dizemos que não; se nos convidam, não esperamos o segundo convite, porque muitas vezes aconteceram grandes vigílias; se já começaram, dizemos que sim, e mesmo que partam muito bem a ave, pão ou carne, ou o que for, para poder engolir um bocado dizemos: "Agora deixe que eu vou servi-lo; já dizia, Deus o tenha no céu (e dizemos o nome de um senhor morto, duque ou conde), que gostava mais de me ver repartir do que comer." Dizendo isso pegamos a faca, começamos a cortar, e dizemos: "Que cheiro bom! Certamente seria uma ofensa para a cozinheira se não provasse; que boa mão ela tem!" Dizendo e fazendo, vai-se na degustação meio prato, o nabo por ser nabo, o toucinho por ser toucinho e tudo mais. Quando nos falta isso, temos a sopa de algum convento; não a tomamos em público, mas escondido, fazendo os frades acreditarem que é mais devoção que necessidade.

É de se ver o cuidado com que um de nós atende numa casa de jogos; atende quem ganha, traz urinóis, ajuda com o baralho, festeja, tudo por alguns trocados.

No que se refere ao vestir, como em outros lugares há hora indicada para a oração, nós a temos para nos remendar. Há diversas coisas que observamos; como temos por inimigo declarado o sol, porque mostra os remendos, pontadas e trapos, nos expomos a seus raios com as pernas abertas pela manhã e na sombra do chão vemos os fiapos e andrajos entre as pernas e com a tesoura os cortamos; como sempre se gastam tanto na entreperna, tiramos da parte de trás, para colocar na parte da frente; a parte de trás fica coberta pela capa, e tomamos cuidado nos dias de vento, quando subimos escadas ou montamos a cavalo.

Estudamos posturas contra a luz, pois em dia claro paramos com as pernas bem juntas e fazemos reverências só com os tornozelos. Não há coisa em nossos corpos que não tenha sido outra coisa e não tenha história; por exemplo, veja esta roupinha, primeiro foi neta de uma capa e bisneta de um capuz, agora espera para se transformar em muitas outras coisas. As meias primeiro foram lenços, havendo sido toalhas, e antes camisas, filhas de lençóis; depois disso as aproveitamos para papel e no papel escrevemos e depois fazemos pós para ressuscitar os sapatos, que de tão incuráveis que estavam, os vi reviver com semelhantes medicamentos. O que dizer do modo como à noite nos afastamos das luzes para que não vejam o estado de nossas roupas, todas feitas de retalhos? Deus cuidou de nos dar na barba e tirar na capa. Para não gastar em barbeiro, aguardamos que um dos nossos também precise e a tiramos um do outro, conforme diz o Evangelho: "Ajudem-se como bons irmãos." Temos o cuidado de não ir uns nas casas dos outros, porque já sabemos como andam os estômagos.

Somos obrigados a andar a cavalo uma vez por mês pelas ruas públicas e andar de carruagem uma vez por ano, mesmo que seja no estribo ou na traseira. Se alguma vez vamos dentro da carruagem, sempre devemos colocar o pescoço para fora, fazendo cortesias para que nos vejam todos e falando aos amigos ou conhecidos, mesmo que olhem para outro lado...

O que direi de mentir? Jamais se encontra a verdade em nossa boca; colocamos duques e condes nas conversas, uns por amigos, outros por parentes e cuidamos de que tais senhores ou estejam mortos ou muito longe.

Quem vê estas minhas botas, não pensará que estão sobre as pernas sem meias nem nada. Quem vê esta gola, não vai pensar que não tenho camisa. Pode faltar tudo a um cavalheiro, senhor licenciado, mas não gola engomada e aberta. Primeiro porque é grande enfeite para a pessoa e, depois de ir de um lado para o outro, é sustento, já que o homem a chupa com destreza. E finalmente, um cavalheiro como nós... com isto vive na corte. Uma hora se vê em prosperidade, outra hora no hospital; mas, afinal se vive, e quem sabe se virar é rei, por pouco que tenha. Gostei tanto do estranho modo de viver do fidalgo, que entretido com a conversa, cheguei a pé até Rozas, onde ficamos aquela noite. Jantou comigo o tal fidalgo, que não tinha um tostão, e eu me vi obrigado, porque com seus avisos abri os olhos para muitas coisas.

Abraçou-me mil vezes, dizendo que esperava que causassem boa impressão suas palavras, num homem de tão bom entendimento. Ofereceu-me favor (para me introduzir na corte com os demais confrades de sua laia) e pousada em companhia de todos. Aceitei, não declarando que tinha os escudos que levava, mas só até cem reais, os quais foram suficientes, com a boa obra que havia feito e fazia, para tê-lo grato à minha amizade.

Comprei do hospedeiro os cintos, ajustou-os e dormimos. Madrugamos e chegamos a Madri.

Livro Segundo

Capítulo I

O que me aconteceu na corte, quando cheguei, até o anoitecer

Às dez horas da manhã entramos na corte; fomos, conforme o combinado, para a casa dos amigos de dom Toribio. Bateu na porta e atendeu uma velhinha, muito pobremente vestida. Perguntou pelos amigos e ela respondeu que tinham saído. Estivemos sozinhos até depois do meio-dia, passando o tempo, ele me animando na profissão da vida barata e eu, prestando atenção em tudo. Meio-dia e meia entrou pela porta um espantalho vestido até os pés, com uma roupa mais puída que sua vergonha. Falaram os dois e acabei ganhando um abraço. Falamos um pouco e ele tirou uma luva com dezesseis reais, e uma carta, com a qual (dizendo que era uma permissão para pedir para um pobre) os tinha conseguido. Esvaziou uma luva e tirou outra, dobrando-as. Perguntei porque não as usava e ele respondeu que eram as duas da mesma mão.

Notei que não tirava a capa e perguntei por que não o fazia; ele respondeu: "Filho, tenho nas costas um buraco, acompanhado por um remendo e uma mancha de óleo; este pedaço de pano cobre tudo e assim posso andar." Tirou-a e achei que debaixo da roupa tinha um grande vulto; eu pensei que eram calças mas quando levantou a roupa vi que eram duas rodelas de papelão, que trazia amarradas na cintura e encaixadas nas coxas, de modo tal que eram só aparência, porque ele não usava nem camisa nem calções. Dei graças a Deus, vendo como tinha dado habilidade aos homens, já que não tinham riquezas.

"Eu, (disse meu bom amigo) venho do caminho com problemas nas calças; portanto, vou me recolher para remendá-las." Perguntou se havia alguns retalhos e a velha (que recolhia trapos duas vezes por semana, pelas ruas) disse que não, e que por falta de trapos estava há quinze dias na cama.

Nisso estávamos, quando chegou um com suas botas, a roupa parda e um grande chapéu com as abas presas; soube da minha chegada pelos outros e falou-me com muito afeto; tirou a capa e sua roupa era parda na parte da frente e na parte de trás de pano branco. Não pude conter a risada, e ele disfarçando disse: "Usará as armas e não achará mais graça; apostarei que não sabe porque trago este chapéu com a aba presa." Eu disse que porque era elegante. "Saiba que é porque não tem as fitas, e assim não aparece." Dizendo isso tirou mais de vinte cartas e outros tantos reais, dizendo que não havia podido usá-las. Trazia cada uma um real de porte e eram feitas por ele mesmo; colocava a assinatura de quem queria; escrevia novas que inventava para as pessoas mais honradas e as entregava cobrando o porte; fazia isso a cada mês e me espantou ver a novidade.

Entraram logo outros dois, um com uma roupa larga e a capa com a gola levantada para esconder o lenço rasgado.

Vinha gritando com o outro, que trazia uma tira de couro com frascos mas não usava capa e uma muleta, com uma perna coberta de trapos, por ter só metade da calça. Fazia de conta que era soldado, e tinha sido, mas dos ruins e onde não houvesse perigo; fazia estranhos serviços e, como soldado, entrava em qualquer lugar. Dizia o da roupinha e quase calções: "Me deves a metade, ou pelo menos grande parte. Se não me deres, juro a Deus..." "Não jure a Deus (disse o outro); que chegando em casa não sou manco e vou te dar mil pauladas com esta muleta." Vai dar, não vai dar e se pegaram, agarrando-se pela roupa; saíram com pedaços da roupa nas mãos, nos primeiros puxões.

Nós os apaziguamos e perguntamos a causa da briga. O soldado disse: "Brincadeiras comigo? Não levarás nada. Vocês devem saber que, estando em San Salvador, aproximou-se uma criança deste coitado e perguntou se eu era o alferes Juan de Lorenzana; ele disse que sim, vendo não sei que coisa que trazia nas mãos. Disse: "Olhe o que deseja esta criança". Recebi o recado e com ele doze lenços; respondi a sua mãe, que era quem os enviava a alguém com aquele nome. Peça-me agora a metade, e antes os farei pedaços; são todos para meu nariz."

A causa foi julgada em seu favor; só se viu que não era para assoar o nariz com eles, mandando que fossem entregues à velha para honrar a comunidade, fazendo deles remendos de mangas e arremedos de camisas; assoar o nariz é proibido.

Chegou a noite, deitamos tão juntos que parecíamos ferramentas num estojo. Passou o jantar de claro em claro; a maioria não tirou a roupa e deitou como estava.

Capítulo II

Onde se prossegue a matéria começada e outros estranhos acontecimentos

Amanheceu e levantamos todos. Eu estava tão à vontade como se fôssemos todos irmãos (esta facilidade e aparente doçura se encontram nas dificuldades). Um vestia a camisa em doze vezes, dividida em doze trapos, dizendo uma oração para cada um, como um sacerdote se vestindo; outro perdia uma perna da calça e a encontrava onde menos esperava; outro pedia ajuda para vestir o colete.

Depois disso, todos empunharam agulha e linha para dar umas pontadas aqui e ali. Um para costurar debaixo do braço fazia um L. Outro ajoelhado, remendava um 5. Outro, para consertar as entrepernas, ficava feito um novelo. Não pintou Bosco tão estranhas posturas como as que eu vi; eles costuravam e a velha lhes dava o material, trapos e remendos de diferentes cores, os quais havia trazido no sábado. Acabou a hora do remendo (assim chamada por eles) e foram olhando uns aos outros para ver se tinha ficado bem. Decidiram sair e eu disse que queria que me ajudassem a comprar uma roupa, porque eu queria gastar os cem reais e tirar o saiote. "Isso não (disseram eles); o dinheiro deve ficar em depósito e o vestiremos com o reservado; assinalemos sua diocese na aldeia, onde só ele procure."

Aceitei; num instante, do saiote fizeram uma roupa de luto e cortando a parte da frente ficou bom. Com o que sobrou arrumaram um chapéu velho. Colocaram-me umas calças apertadas na frente, que na parte de trás eram de camurça. As meias calças de seda ainda não eram meias, porque chegavam quatro dedos abaixo do joelho, e estavam cobertas com umas botas justas sobre as meias vermelhas que eu trazia. A gola estava toda aberta de tão rasgada e eles disseram: "A gola está arrumada por trás e dos lados."

Quando alguém o olhar, você tem que ir se virando com ele, como um girassol; se forem dois, e olharem pelos lados, retroceda; para os de trás traga sempre o chapéu caído sobre o pescoço, para que a aba cubra a gola e descubra a cabeça. Se alguém perguntar por que anda assim, responda que pode andar com a cara descoberta pelo mundo.

Deram-me uma caixa com linha preta e branca, seda, cordão, agulha, dedal, panos, cetim e uma faca. Puseram tudo numa bolsa de couro e disseram: "Com esta caixa pode ir pelo mundo, sem precisar de amigos nem parentes; nela se encerra tudo o de que precisamos; tome-a e guarde-a." Indicaram-me, como quartel, para cuidar da vida, o de São Luís; e assim comecei minha jornada, saindo de casa com os outros; por ser novo me deram (para começar a lida), como a sacerdote que canta a missa, por padrinho, o mesmo que me trouxe e me converteu.

Saímos da casa com o passo lento, os terços na mão; tomamos o caminho para ir ao bairro determinado, fazendo cortesias a todos; aos homens tirávamos o chapéu, desejando fazer o mesmo a suas capas; às mulheres fazíamos reverências. A um dizia meu bom aio: "Amanhã me trazem o dinheiro"; a outro: "Aguarde-me um dia, que o banco está demorando." A um pedia a capa, a outro o cinto; com isso percebi que era tão amigo de seus amigos, que não tinha nada seu.

Andávamos serpenteando de uma calçada para outra para não encontrar com credores. Um pedia o aluguel da casa, outro o da espada e outro o de lençóis e camisas; com isso percebi que era cavalheiro de aluguel, como mula. Aconteceu que viu de longe um homem que lhe lançam olhares (conforme disse) por uma dívida, mas não conseguia tirar o dinheiro; para que não o reconhecesse, soltou os cabelos, colocou um tapa-olho e começou a falar em italiano comigo. Fez tudo isso enquanto o outro se aproximava (ainda não o tinha visto, porque estava ocupado fofocando com uma velha).

Vi o homem girando em volta como cachorro que quer deitar; se benzia mais que um pregador e foi embora dizendo: "Jesus, pensei que era ele!" Eu morria de rir ao ver a figura de meu amigo; entrou num portal para amarrar o cabelo, tirar o tapa-olho e disse: "Estes são os adereços para negar dívidas. Aprende, irmão, porque verás mil coisas destas no povoado."

Seguimos em frente e numa esquina, por ser de manhã, ganhamos duas fatias de queijo e aguardente de uma mulher que nos deu de graça (depois de dar as boas-vindas ao meu adestrador). "Com isto, pelo menos comemos alguma coisa." Fiquei aflito considerando que não sabíamos se íamos comer mais alguma coisa e repliquei preocupado pelo meu estômago. Ele respondeu: "Que pouca fé com a religião e a ordem dos caninos. Não falha o Senhor aos corvos nem às gralhas, nem mesmo aos escrivães, por que haveria de falhar conosco? Você tem pouco estômago." "É verdade (disse eu), mas temo muito ter menos e nada nele."

Estávamos nessa, quando um relógio deu meio-dia e como eu era novo ainda, minhas tripas acharam insuficiente o queijo; tinha tanta fome como se não o tivesse comido. Renovada, pois, a memória, virei-me para meu amigo e disse: "Irmão, isso da fome é muito difícil escola. O homem foi feito para comer e estou em vigília! Se não a sentes, não é muito; criado com fome desde criança, te sustentas com ela. Não te vejo fazer diligências reais para mascar, por isso eu determino fazer o que puder."

"Corpo de Deus! (replicou), agora é meio-dia, para que tanta pressa? Sua vontade é muito pontual, é necessário ter paciência. Comer todo dia! O que fazem os animais? Não se escreve que jamais um cavalheiro nosso haja tido despensas; antes de tão mal providos, não nos provemos. Já te disse que Deus não falha a ninguém; se tiveres tanta pressa, eu vou para a sopa de São Jerônimo.... lá farei uma boquinha. Se quiseres podes me seguir, se não, cada um com suas aventuras."

"Adeus (disse eu), que não são tão curtas minhas falhas, para que possa me conformar com sobras dos outros; cada um que vá por seu caminho."

Meu amigo ia pisando forte e olhando para os pés; tirou umas migalhas de pão que sempre trazia em uma caixinha e derramou-as pela barba e roupas; parecia que tinha comido. Eu ia tossindo e disfarçando minha fraqueza, limpando os bigodes, com a capa jogada sobre o lado esquerdo. Os que me viam pensavam que já tinha comido.

Ia eu confiando nos escudos que tinha, apesar de me pesar na consciência ser contra a ordem de comer às suas custas; para quem vive com as tripas vazias no mundo, já estava determinado a quebrar o jejum. Cheguei na esquina da rua São Luís, onde havia um pasteleiro; o cheiro entrou no meu nariz e imediatamente fiquei como cachorro perdigueiro; com os olhos fixos nele, o olhei com tanto afinco que tirou o pastel como se desse azar. Lá estava eu pensando como furtá-lo; até resolvia pagá-lo. De repente me angustiei de tal modo que resolvi entrar na taverna.

Deus quis que desse de cara com o licenciado Flechinha, amigo meu, que vinha cambaleando pela rua, com o rosto cheio de barro; quando me viu abraçou-me e perguntou como eu estava; disse-lhe: "Senhor licenciado, tenho uma porção de coisas para lhe contar, pena que tenho que ir embora esta noite!" "Isso me pesa a mim; se não fosse tarde e a pressa que tenho para ir comer, pararia; mas minha irmã e seu marido me esperam." "Não me diga que a senhora Ana está aqui? Mesmo que deixe o que tenho para fazer, vamos, que quero cumprimentá-la." Abri os olhos quando ouvi que não tinha comido, e o acompanhei.

Chegamos na sua casa, entramos e eu cumprimentei muito seu cunhado e irmã; eles, persuadidos que tinha sido convidado, por chegar naquele horário, começaram a dizer que se soubessem que teriam tão bom hóspede, teriam se prevenido. Aproveitei a ocasião e me convidei, dizendo que era de casa e velho amigo e que não me tratassem com formalidade. Sentaram e sentei. Veio a panela e comi em dois bocados, quase toda sem maldade, mas com muita pressa.

Eles bem que deviam ter notado, os grandes goles do caldo e o modo de esgotar a tigela, a perseguição aos ossos e o destroço da carne; a bem da verdade, entre uma coisa e outra enchi a sacola de migalhas. Levantamos da mesa e eu e o licenciado fomos conversar perto de uma janela. De repente, fiz parecer que estavam me chamando da rua e eu disse: "Eu, senhor? Já desço." Pedi licença, dizendo que voltava logo; até hoje está me esperando. Encontrei com ele muitas outras vezes e me desculpei, contando mil mentiras, que não vêm ao caso.

Fui pelas ruas de Deus e cheguei à porta de Guadalajara; sentei num banco, desses que ficam nas portas dos mercadores; chegaram duas mulheres e perguntaram se tinha algum veludo muito trabalhado; comecei a travar uma conversa. Senti que tinha lhes dado com minha liberdade, algo seguro para a loja; e como quem aventura não perder nada, ofereci o que quisessem. Regatearam, dizendo que não pegavam de quem não conhecessem e eu me aproveitei da ocasião, dizendo que havia sido atrevimento oferecer qualquer coisa; mas que me fizessem o favor de aceitar uns panos que me haviam trazido de Milão, que pela noite levaria um pajem (que disse ser meu, por estar na frente esperando seu amo que estava em outra loja). E para que pensassem que era um homem conhecido, cumprimentava todos os que passavam, tirando o chapéu; sem conhecer ninguém, fazia cortesias, como se os tratasse familiarmente.

Elas julgaram com isso e com um escudo de ouro que tirei dos que trazia (dizendo que era uma esmola para um pobre), que eu era um cavalheiro. Disseram que iam embora, por ser tarde; pediram licença e avisaram do segredo com que tinha que ir o pajem; pedi que me dessem um terço engastado em ouro que tinha a mais bonita, como prenda para que pudesse vê-las outro dia. Duvidaram e eu lhes ofereci os cem escudos como prenda; disseram onde ficava sua casa e, pensando que podiam tirar mais de mim, confiaram e perguntaram onde era minha pousada, dizendo que na delas não podiam entrar pajens a qualquer hora, por ser gente importante.

Eu as levei pela rua Maior e, ao entrar na das Carretas, escolhi a casa maior e melhor, que tinha uma carruagem sem cavalos na porta, e disse que era aquela e que lá estava a casa, a carruagem e o dono para servi-las. Disse que era dom Álvaro de Córdoba e entrei pela porta na frente de seus olhos. Lembro que quando saímos da loja, chamei um dos pajens (com grande autoridade) com a mão; fiz de conta que lhe dizia que ficasse ali me esperando; na verdade, perguntei se era o criado do Comendador meu tio. Disse que não, mas com isso acomodei os criados alheios como bom cavalheiro.

Chegou a noite escura e fomos todos para casa. Entrei e encontrei o soldado dos trapos com uma tocha de cera, que lhe deram para acompanhar um defunto, e a tinha trazido. Chamava-se Magazo, e era natural de Olias;

tinha sido capitão numa comédia e tinha combatido com mouros numa dança. Quando falava com os de Flandres dizia que tinha estado na China e aos da China, em Flandres. Tratava de formar um campo, mas a única coisa que fez foi espojar-se nele; mencionava castelos, mas só os tinha visto por fora.

Celebrava muito a memória do senhor dom João; ouvi-o falar muitas vezes de Luís Quijada, que tinha sido seu amigo. Mencionava turcos, galeões e capitães, todos os que havia lido nuns versos que falavam disso; e como não sabia nada de mar, disse, contando a batalha que havia tido o senhor dom João em Lepanto, que aquele Lepanto foi um mouro muito bravo. Como não sabia o coitado que era nome de mar, nos divertimos muito com ele. Entrou logo meu companheiro, com o nariz quebrado, a cabeça enfaixada, cheio de sangue e muito sujo. Perguntamos o que havia acontecido; ele contou que tinha ido à sopa de São Jerônimo e que pediu uma porção dupla, dizendo que era para umas pessoas honradas e pobres. Tiraram dos mendigos para lhe dar; eles, zangados, o seguiram e viram que num canto, atrás da porta, estava tomando toda a sopa. Se era bem feito enganar para comer e tirar dos outros para si, o fato é que começaram a gritar e dar pauladas em sua cabeça.

Eles o atacaram com as jarras e um acertou-lhe o nariz com uma tigela de madeira. Tiraram-lhe a espada e com os gritos veio o porteiro, que não conseguia contê-los. Afinal, vendo que era grande o perigo, o coitado dizia: "Eu devolvo o que comi"; mas não era suficiente, porque só reparavam que pediu para outros e não apreciava o sopão. "Olhem, todo trapos, como boneca de criança, mais triste que pasteleiro na quaresma, com mais buracos que uma flauta, cheio de remendos e manchas e com mais pontos que um livro de música (dizia um estudante); há homem na sopa do bendito santo que pode ser bispo ou qualquer outra dignidade. Sou bacharel em artes por Sigüenza." Meteu-se o porteiro no meio, vendo que um velhinho que estava lá dizia ser descendente do Grande Capitão e que tinha parentes.

Aqui o deixo porque o companheiro estava lá fora tentando ajustar os ossos.

Capítulo III

Prossegue a mesma matéria, até todo mundo ir parar na cadeia

Entrou Merlo Díaz, com o cinto cheio de vasilhas e vidros, os quais, pedindo para beber para as freiras, os tinha guardado com pouco temor a Deus. Dom Lourenço del Pedroso entrou com uma capa muito boa, a qual havia, numa mesa de truco, trocado pela sua. Costumava tirar a capa, como se fosse jogar, e colocá-la junto com as outras; depois (como não jogava) ia pegar sua capa e escolhia a melhor e saía. O pior foi ver dom Cosme entrar cercado de rapazes com manchas, câncer, lepra, feridos e mancos; ele tinha se transformado em pregador com umas benzedeiras e tinha aprendido orações com uma velha; se o que vinha se curar não trazia volume sob a capa ou não soava dinheiro na bolsa, não tinha negócio.

Havia assolado meio reino; fazia que acreditassem o que queria, porque estava tão acostumado a mentir, que nem por descuido dizia a verdade. Falava do Menino Jesus, entrava nas casas com *Deo gratias*; dizia "O Espírito Santo seja com todos". Trazia todos os apetrechos de hipócrita: um terço; descuidadamente fazia com que se visse por baixo da capa um pedaço de disciplina salpicada com sangue do nariz; fazia crer que a fome canina era jejum voluntário; contava tentações; nomeando o demônio dizia: "Deus nos livre e guarde." Beijava a terra ao entrar na igreja; chamava-se indigno; não levantava os olhos para as mulheres... Com estas coisas trazia o povo de tal forma, que se encomendavam a ele, e era o mesmo que se encomendar ao diabo; também era jogador. Jurava em nome de Deus, algumas vezes em vão e outras em vazio... Dos mandamentos de Deus, os que não quebrava, fendia.

Veio Polanco fazendo muito barulho e pediu saco pardo, cruz grande, barba longa e postiça e um sino. Andava de noite assim, dizendo: "Lembrem da morte e façam o bem pelas almas, etc." Com isto conseguia muitas esmolas e entrava nas casas que via abertas; se não havia testemunhas nem estorvos, roubava o que encontrava; se o encontravam, tocava o sino e dizia (com uma voz muito penitente): " Lembrem, irmãos, etc."

Tudo isso conheci durante o mês que passei com eles.

Voltemos agora àquela que pedi o terço e da qual contei a história. Gostaram da criatividade e a velha o pegou para vendê-lo; ia pelas casas dizendo que era de uma donzela pobre, que se desfazia dele para comer; para cada coisa tinha sua mentira e sua trapaça. Chorava a velha a cada passo, apertava as mãos e suspirava amargamente; chamava todos de filhos; usava por cima da roupa um casaco rasgado, de um amigo ermitão que vivia nas encostas de Alcalá. Quis o diabo (que nunca está ocioso no que se refere a seus servos) que, quando estava tentando vender não sei o quê numa casa, alguém reconheceu alguma coisa que era sua; trouxe uma autoridade e pegaram a velha, que se chamava mãe Lebrusca. Ela confessou tudo, disse como vivíamos e que éramos cavalheiros de rapina.

A autoridade deixou-a na cadeia e foi em casa, onde encontrou todos meus companheiros, e eu com eles. Trazia meia dúzia de ajudantes e levou-nos para a prisão, onde nos vimos em grande perigo.

Capítulo IV

Onde se descreve a prisão, o que aconteceu nela até a velha ser açoitada, os companheiros na vergonha, e eu no fiado

Jogaram-nos num calabouço. Eu, aproveitando o dinheiro que tinha, tirei um dobrão e disse ao carcereiro: "Senhor, ouça-me em segredo", e para que o fizesse dei-lhe o dinheiro e, ao vê-lo, me afastou. "Suplico-lhe (disse), que tenha pena de um homem de bem." Procurei suas mãos e, como estavam acostumadas a levar vantagem, fechou-as dizendo: "Vou ver qual é a doença; se não for urgente, descerá para o cepo." Deixou-me fora e mandou os amigos para baixo.

Não vou contar como na cadeia e nas ruas riam de nós; como nos traziam amarrados e aos empurrões, uns sem capa e outros com elas arrastando, apareciam as roupas todas remendadas. Alguns, para pegá-los por alguma parte segura, o ajudante os pegava pelas carnes e mesmo assim não havia onde pegar. Outros iam deixando nas mãos dos policiais pedaços de roupa. Ao tirar a corda onde vinham amarrados, vinham junto pedaços dos trapos. Eu fui (quando chegou a noite), dormir na sala dos de linhagem.

Dormi aquela noite algo desagasalhado. Amanheceu e saímos do calabouço. Nós nos olhamos e a primeira coisa que nos notificaram foi que devíamos dar dinheiro para a limpeza. Eu dei seis reais; meus companheiros não tinham o que dar.

Havia no calabouço um moço caolho, alto, de bigodes e com marcas de açoites nas costas; tinha dois pares de correntes. Chamavam-no de Jayán e dizia que estava preso por coisas do ar...

Quando o alcaide brigava por alguma travessura, o chamava de verdugo e depositário geral de culpas. Era amigo de outro, chamado Robledo, mas que chamavam de Trepado. Dizia que estava preso por liberalidades; era rápido para pescar o que encontrava. Havia sido bastante açoitado e diziam que todos os verdugos tinham testado sua mão nele. Seu rosto estava cheio de marcas de facadas. Chegaram também outros quatro homens acorrentados e condenados.

Diziam eles que logo poderiam dizer que haviam servido seu rei por mar e por terra. Não dava para acreditar a alegria com que esperavam ser despachados. Todos estes, mal-humorados de ver meus companheiros, não contribuíram. Chegou a noite e fomos acomodados no último canto; apagaram as luzes; eu me acomodei debaixo da tarimba. Alguns deles começaram a assobiar e outro a bater com a corda. Os bons cavalheiros apertaram-se como puderam no canto da tarimba. Os velhacos, vendo que não se queixavam, deixaram de açoitar e começaram a atirar tijolos, entulho e pedras que tinham recolhido. A coisa complicou quando um encontrou o pescoço de dom Toribio e levantou um machucado de dois dedos. Começou a gritar, dizendo que o estavam matando.

Os velhacos, para que não se escutassem seus alaridos, começaram a cantar todos juntos e a fazer grande barulho. Ele, para se esconder, agarrou-se aos outros para se enfiar embaixo. Com a força que faziam, os ossos batiam. As roupas acabaram, não ficou um trapo em pé; choviam pedras e entulho, tanto que em pouco tempo tinha dom Toribio a cabeça cheia de pancadas. Não achando nenhum remédio contra o granizo que chovia sobre ele, vendo-se próximo de morrer mártir (sem ter nada de santidade nem mesmo de bondade), disse que o deixassem sair, que ele pagaria e daria suas roupas como prenda. Consentiram e, apesar dos outros que se defendiam com ele, ferido e como pôde, levantou-se e veio perto de mim. Os outros rapidamente prometeram o mesmo; já estavam mais cheios de telhas que de cabelos. Ofereceram suas roupas, levando em conta que era melhor estar na cama nus que feridos; deixaram-nos sossegados durante a noite e pela manhã pediram as roupas. Tiraram tudo e juntando toda a roupa não dava para fazer a mecha para um lampião. Ficaram na cama embrulhados numa manta.

Eu saí do calabouço, dizendo que me perdoassem por não lhes fazer companhia, porque preferia não fazê-la. Tornei a colocar nas mãos do carcereiro três moedas e, sabendo quem era o escrivão, mandei chamá-lo. Quando veio, entramos num aposento. Comecei a lhe dizer (depois de haver tratado da causa) que eu tinha algum dinheiro; supliquei que o guardasse para mim e, no que pudesse, favorecesse a causa de um fidalgo desafortunado que por engano havia cometido tal delito. "Acredite (disse depois de ter percebido a jogada) que em nós está o problema e que se não somos homens de bem, podemos nos dar muito mal. Confie em mim e acredite que o tirarei em paz e a salvo."

Foi embora e, desde a porta, voltou para me pedir algo para o bom amigo Diego Garcia, o delegado, porque era importante calá-lo com mordaça de prata; disse não sei o quê do relator para que ajudasse a comer uma cláusula inteira. Disse: "Um relator, só com arquear as sobrancelhas, levantar a voz, bater o pé, fazendo o delegado prestar atenção, pode destruir um cristão." Entendi o recado e acrescentei outros cinqüenta reais; como retribuição me disse que arrumasse a gola da capa e dois remédios para o catarro que peguei com o frio da prisão; finalmente disse: "Economize pesares, porque com oito reais que dê ao delegado, será suficiente; esta gente só faz favores por interesse." Aceitei a advertência. Foi embora e dei um escudo ao carcereiro; tirou as correntes e deixou-me entrar em sua casa. Tinha uma mulher que era uma baleia e duas filhas do demônio, feias e néscias.

Com tudo isso, o delegado me dava comida e uma cama; o bom escrivão (solicitado dele e conseguido com o dinheiro) fez a coisa tão bem, que tiraram a velha na frente de todos num palafrém pardo, com um músico na frente. O pregão era o seguinte: "A esta mulher por ladra." O verdugo lhe premia o compasso nas costelas. Depois vinham todos os meus companheiros, sem chapéus e os rostos descobertos. Foram desterrados por seis anos. Eu saí livre graças ao escrivão; e o relator não se descuidou, porque mudou muito, falou baixo, explicou razões e mastigou cláusulas inteiras.

Capítulo V

Como consegui pousada e a desgraça que me aconteceu

Saí da prisão, encontrei-me só e sem amigos, apesar de terem me avisado que iam a caminho de Sevilha à custa da caridade e eu não quis segui-los. Determinei que iria para uma pousada, onde encontrei uma moça loira e branca, alegre, às vezes intrometida e às vezes direta e incisiva. Balbuciava um pouco, tinha medo de ratos, tinha mãos bonitas; para mostrá-las sempre ajeitava as velas; partia a comida na mesa; na igreja sempre as punha em oração; pelas ruas ia mostrando qual casa era de um e qual era do outro; sempre tinha um alfinete para prender a touca; se jogava algum jogo, tinha que ser um que mostrasse as mãos; fazia de conta que bocejava, para mostrar os dentes. Tocava tanto em tudo que cansava os próprios pais. Hospedaram-me muito bem em sua casa, porque tinham conseguido alugá-la, com boa mobília, a três moradores. Eu fui um, o outro um português e um catalão. Eles me acolheram muito bem e ganhei a boa vontade de todos. Como não estava tão bem vestido como deveria (apesar de ter melhorado um pouco minha roupa por meio do delegado, a quem visitava sempre, conservando-me forte com a carne e pão que lá comia), não me davam muita atenção.

Para me fazer passar por rico, que o disfarçava, enviava amigos para me procurar quando eu não estava. Entrou um perguntando por dom Ramiro de Guzmán; disse que esse era meu nome porque meus amigos tinham me avisado que era muito útil mudar de nome. Um dia perguntou por dom

Ramiro um homem de negócios, rico. As hospedeiras disseram que lá só morava um dom Ramiro de Guzmán, mais rasgado que rico, pequeno de corpo, feio de cara e pobre. "É esse (replicou) o que eu digo, e não quero mais renda ao serviço de Deus, que a que ele tem, mais de dois mil ducados." Contou-lhes outras mentiras e deixou uma cédula de câmbio falsa que trazia para mim, de nove mil escudos; disse que me entregassem e foi embora. Acreditaram na riqueza a menina e a mãe e pensaram logo em mim para marido.

Quando entrei me deram a cédula, dizendo: "Dinheiro e amor mal se encobrem, senhor dom Ramiro; como nos esconde quem é?" Eu fingi que não havia gostado que tivessem deixado a cédula e fui para meu aposento. Era de se ver como, pensando que eu tinha dinheiro, tentavam me agradar. Festejavam minhas palavras e não havia charme como o meu. Eu, vendo-as entusiasmadas, declarei minha vontade à garota e ela me ouviu muito contente, proferindo mil elogios. Uma noite (para confirmar mais minha riqueza) tranquei-me no meu aposento, que estava dividido do seu por um fino tabique, e tirando cinqüenta escudos, os contei tantas vezes, que ouviram contar seis mil escudos. Isto (de saber que eu tinha tanto dinheiro) era tudo que podiam desejar, porque se esforçavam para me agradar e servir.

O português chamava-se senhor Vasco de Meneses, cavalheiro da Cartilha, digo de Christus. Trazia sua capa de luto, botas, gola pequena e grandes bigodes. Cantava mal e sempre andava com o catalão, que era a criatura mais triste e miserável que Deus criou. Comia de três em três dias e um pão tão duro que só o podia morder um maledicente. Pretendia ser bravo e só lhe faltava botar ovos para ser galinha, porque cacarejava notavelmente. Como viram que eu progredia, começaram a falar mal de mim. O português dizia que eu era um sem-vergonha; o catalão me tratava de covarde e vil. Eu sabia e às vezes ouvia, mas não tinha ânimo para responder.

A moça falava comigo e recebia meus bilhetes. Começava geralmente: "Este atrevimento, sua beleza", dizia do meu ardor, tratava de penar, me oferecia como escravo, desenhava um coração com flecha. Eu, para alimentar mais o crédito de minhas qualidades, saí um dia e aluguei uma mula; disfarçado e mudando a voz vim para a pousada e perguntei por mim mesmo, dizendo se lá vivia sua mercê o senhor dom Ramiro de Guzmán, senhor do Valcerrado e Vellorete. "Aqui vive (respondeu a menina) um cavalheiro com esse nome" e pelas indicações disse que era ele e pedi que lhe dissesse que Solorzano, seu mordomo, passava para as cobranças e tinha vindo lhe beijar as mãos. Dizendo isto, fui embora e só voltei um tempo depois.

Receberam-me com a maior alegria do mundo, dizendo que porque tinha escondido que era senhor de Valcerrado e Vellorete, e me deram o recado. Com isso a garota, cobiçosa de marido tão rico, combinou que fosse vê-la à uma da madrugada, indo por um corredor que dava num telhado, onde estava a janela de seu aposento.

O diabo, que é agudo em tudo, ordenou que quando chegou a noite eu subisse no corredor e, ao passar dele para o telhado, escorregasse, dando no telhado de um vizinho que era escrivão, uma batida tão forte que quebrei todas as telhas. O barulho acordou todo mundo e, pensando que eram ladrões, subiram no telhado. Vendo isso, tentei me esconder atrás de uma chaminé, mas foi pior, porque o escrivão, dois criados e um irmão me deram uma porção de pauladas e me amarraram à vista de minha dama. Mas ela ria muito, porque pensava que era uma brincadeira. Com as pauladas e socos, eu gritava e ela continuava pensando que era um artifício e não parava de rir. O escrivão começou a lavrar a causa e como ouviu umas chaves na bolsa, disse e escreveu que eram ferramentas. Disse a ele que era dom Ramiro de Guzmán, mas não acreditou. Eu, triste (moeram-me a pauladas na frente de minha dama, fui preso sem motivo e fiquei com mau nome), não sabia o que fazer. Ajoelhava-me na frente do escrivão e pedia-lhe pelo amor de Deus, mas não era suficiente para que me largasse.

Tudo isto acontecia no telhado. Deram a ordem de me descer e o fizeram por uma janela, que dava num cômodo que servia de cozinha.

Capítulo VI

Prossegue o mesmo com outros vários acontecimentos

Não fechei os olhos a noite inteira, considerando minha desgraça, que não foi cair no telhado, e sim nas cruéis mãos do escrivão; quando lembrava das ferramentas na bolsa e das folhas que havia escrito na causa, percebi que não há coisa que cresça tanto como a culpa em poder do escrivão. Passei a noite pensando no que faria; algumas vezes decidia rogar por Jesus Cristo, mas considerando o que ele tinha passado, não me atrevia. Mil vezes quis me desamarrar, mas ele me ouvia e levantava para verificar se estava bem amarrado; mais velava ele pensando como forjaria a mentira, do que eu em meu proveito. Madrugou ao amanhecer e vestiu-se tão cedo, que em toda a casa só estávamos nós dois em pé. Agarrou a correia e repassou-a muito bem nas costelas; repreendeu-me o mau vício de furtar, como quem tão bem o conhecia. Eu estava quase determinando lhe dar dinheiro, quando entraram o português e o catalão; vendo o escrivão que falavam comigo, pegando a pena quis indiciá-los como cúmplices no processo.

O português não agüentou e tratou-o mal, dizendo que era cavalheiro fidalgo da casa do rei e que eu era um "homem muito fidalgo"; que era uma velhacaria ter me amarrado. Começou a me desamarrar e o escrivão clamou "resistência", e dois criados seus pisaram as capas, desarrumaram as golas, como costumam fazer para representar os socos que não houve, e pediam favor ao rei. Finalmente os dois me desamarraram; e, vendo o escrivão que não tinha quem o ajudasse, disse: "Não podem fazer isso comigo e se não fossem quem são, poderia lhes custar caro. Satisfaçam essas testemunhas e vejam que os atendo sem interesse." Percebendo a jogada, tirei oito reais e dei-os a ele; fiquei com vontade de lhe devolver as pauladas, mas para não confessar que as tinha recebido, o deixei e fui embora com eles, agradecendo pela minha liberdade e resgate; estava todo dolorido. O catalão ria muito e dizia à menina que casasse comigo. Tratava-me de resolvido e chacoalhado pelas pauladas.

Com tudo isso, comecei a pensar em sair da casa; para não pagar comida, cama nem pousada, que eram alguns reais, e tirar minhas coisas, tratei com um licenciado Brandalagas, natural de Hornillos, e com outros dois amigos seus, para que viessem uma noite me prender. Chegaram e disseram à hospedeira que vinham da parte do Santo Ofício e que convinha manter segredo. Tremeram. Quando me pegaram, ficaram caladas; mas quando viram que pegavam minhas coisas, pediram embargo pela dívida; eles responderam que eram bens da Inquisição. Com isto não deram um pio. Deixaram-nos sair e ficaram dizendo que sempre tinham temido isso. Contavam ao português e ao catalão sobre aqueles que vinham me buscar, que eram demônios e que eu tinha família; contavam do dinheiro que eu tinha contado, que parecia dinheiro, mas que não era. Estavam certas disso.

Eles me ajudaram a mudar minha roupa com a gola grande, calça, que era o que se usava. Animaram-me fazendo ver que era proveitoso que casasse, com a ostentação de rico, e que isso acontecia muito na corte; acrescentaram ainda que me encaminhariam partido conveniente e que eu me mantivesse bem. Louco e cheio de vontade por pescar mulher, aceitei. Eu, determinei que ia arranjar mulher. Visitei alguns comércios e comprei meus adereços de casar; soube onde alugavam cavalos e peguei um, mas não achei lacaio. Fui para a rua Maior e parei na frente de uma loja.

Chegaram dois cavalheiros, cada qual com seu cavalo; perguntaram-me se fazia negócio com umas pratarias que tinham nas mãos. Com mil cortesias os detive um tempo. Afinal disseram que iam ao Prado para se divertir e que eu os acompanhasse. Disse ao mercador que se viessem meus pajens e um lacaio os encaminhasse ao Prado, e fui com eles. Eu ia considerando que ninguém que nos visse poderia definir e julgar de quem eram os pajens e quem não os tinha. Comecei a falar das canas de Talavera e de um cavalo que tinha arreios de porcelana. Quando encontrava algum pajem, cavalo ou lacaio, os parava e perguntava de quem era e se queriam vendê-lo. Fazia que dessem duas voltas na rua e mesmo que não os tivesse, alegava problemas no freio e dizia o que fazer para remediá-los. Os outros iam embelezados e, a meu ver, dizendo: "Quem será este camarada" (porque um levava um hábito no peito e o outro uma corrente de diamantes, que era hábito e comenda tudo junto); eu dizia que andava atrás de bons cavalos, para mim e outro primo meu.

Chegamos ao Prado; tirei os pés do estribo e comecei a passear. Levava a capa jogada nos ombros e o chapéu na mão. Todos me olhavam; um dizia: "Eu vi este a pé"; outro: "Vai bem o bisbilhoteiro." Eu fazia de conta que não ouvia nada e continuava passeando.

Os dois se aproximaram da carruagem de umas damas e pediram que conversassem um pouco comigo. Deixei para eles a parte das moças e fiquei no estribo da mãe e da tia. Eram duas mulheres alegres; uma de cinqüenta e a outra pouco menos. Disse-lhes mil agrados e me ouviam; porque não há mulher, por velha que seja, que tenha tantos anos como presunção.

Prometi presentes e perguntei o estado daquelas senhoras e responderam que eram donzelas; dava para perceber pela conversa. Eu disse que as vissem colocadas como mereciam e gostaram muito da palavra colocadas. Perguntaram-me a que me dedicava na corte. Eu lhes disse que a fugir de um pai e uma mãe, que queriam me casar com uma mulher feia e néscia... pelo dote. "Eu, senhoras, prefiro uma mulher limpa, sem nada, que uma judia poderosa; porque, pela bondade de Deus, minha herança vale pelo menos quatro mil ducados de renda. Se conseguir ganhar um pleito que tenho bem encaminhado, não precisarei mais nada." Rapidamente a tia disse: "Ai, senhor, gosto muito de você! Não se case se não for do seu gosto e com mulher casta; acredite que sendo eu muito rica, não quis casar minha sobrinha (mesmo aparecendo ricos casamentos), por não serem qualificados. Ela é pobre e só tem seis mil ducados de dote, mas não deve nada a ninguém em sangue." "Tenho certeza disso (disse eu)." Nesse momento as donzelas pediram algo para merendar a meus amigos.

Eu aproveitei e disse que precisava encontrar meus pajens, porque precisava enviar alguém até minha casa para pegar umas caixas. Agradeceram e eu as convidei para ir à Casa de Campo no dia seguinte. Aceitaram dizendo onde era sua casa e perguntaram pela minha; a carruagem se afastou e começamos a voltar para casa. Eles, achando-me generoso e para me comprometer, suplicaram que jantasse com eles naquela noite. Eu me fiz de rogado, muito pouco, e jantei com eles. Quando eram dez horas, disse que tinha que ir e que me dessem licença. Fui embora, ficando combinado que nos encontraríamos na Casa de Campo, no dia seguinte.

Devolvi o cavalo e fui para casa, onde achei meus companheiros jogando. Contei-lhes o caso e o acerto feito; decidimos mandar a merenda sem falta e gastar duzentos reais nela. Deitamos com estas determinações. Confesso que não consegui dormir, pensando no que faria com o dote, pois não sabia o que seria mais proveitoso para mim.

Capítulo VII

Prossegue a história com outros acontecimentos e desgraças notáveis

Amanheceu e despertamos para cuidar da vida. Finalmente, como o dinheiro manda em tudo e não há quem lhe perca o respeito, pagando a um confeiteiro me deu a prataria e a serviu ele e três criados. A manhã passou, com os preparativos e à tarde eu já tinha alugado um cavalo. Tomei o caminho para a Casa de Campo. Tinha o cinto cheio de papéis, como se fossem documentos, e desabotoados seis botões da roupa, por onde apareciam mais papéis. Quando cheguei lá, já estavam as mulheres e os cavalheiros. Elas me receberam com muito amor e eles me chamavam de você, como sinal de familiaridade.

Tinha dito que me chamava dom Felipe Tristán; e o tempo todo era dom Felipe para cá, dom Felipe para lá; comecei a dizer que tinha estado tão ocupado com meus negócios, que pensei que não conseguiria cumprir a palavra com eles, quando apareceu o confeiteiro trazendo tudo. Todos só me olhavam e calavam. Mandei que preparasse as coisas enquanto íamos dar uma volta. As velhas aproximaram-se de mim e folguei de ver as meninas descobertas; não tinha visto desde que Deus me criou, uma coisa tão bonita como aquela com quem eu tinha pensado em matrimônio; branca, loira, corada, boca pequena, dentes miúdos, bom nariz, olhos verdes, alta e com mãos lindas. A outra não era ruim, mas tinha mais desenvoltura. Fomos até a lagoa; olhamos tudo e na conversa soube que minha prometida corria perigo em tempo de Herodes, por inocente; não sabia... Chegamos perto do caramanchão e, ao passar por umas ramas, prendeu-se numa árvore a guarnição de minha gola, rasgando-a um pouco. A menina prendeu-a com um alfinete de prata, e a mãe disse que enviasse a gola a sua casa no dia seguinte, que dona Ana, assim se chamava a menina, a consertaria. Estava tudo em ordem, muita merenda quente e fria, frutas e doces.

Levantaram as toalhas da mesa; estava nisso quando vi chegar um cavalheiro com dois criados; percebi que era meu bom dom Diego Coronel.

Aproximou-se de mim, só me olhando. Falou com as mulheres e tratou-as de primas, tudo sem deixar de me olhar. Eu estava falando com o confeiteiro e os outros dois, que eram seus amigos, estavam conversando com ele. Perguntou a eles meu nome e eles disseram que era Felipe Tristán, um cavalheiro muito honrado e rico. Vi que se benzia. Finalmente, na frente delas e de todos, se aproximou de mim e disse: "Me perdoe, mas por Deus que o tinha, até que soube seu nome, por bem diferente de quem é; não tinha visto nada tão parecido a um criado que tive em Segóvia, chamado Pablos, filho de um barbeiro do lugar."

Todos riram muito e eu me esforcei para evitar que meu rubor me traísse; disse que tinha vontade de conhecer aquele homem, porque já tinham me falado vários, que era muito parecido. "Jesus! (disse dom Diego) Como parecido? O tamanho, a fala, os trejeitos. Digo, senhor, que nunca vi coisa tão parecida." Então as velhas, tia e mãe, disseram que como era possível que um cavalheiro tão importante se parecesse a um malandro tão baixo como aquele; e para que não suspeitasse nada delas, disse uma: "Eu conheço muito bem o senhor dom Felipe, que nos hospedou, por ordem do meu marido em Ocaña." Entendi e disse que minha vontade era e seria servi-las em qualquer lugar.

Dom Diego desculpou-se por te me confundido com o filho de um barbeiro e acrescentou: "Não acreditará, mas a mãe dele era feiticeira, o pai um ladrão e o tio um verdugo; ele era o pior homem que Deus colocou no mundo." O que sentia eu ao ouvir dizer na minha cara coisas tão insultantes? Estava (apesar de disfarçá-lo) em brasas. Tratamos de ir embora, eu e os outros nos despedimos, e dom Diego entrou com elas na carruagem. Perguntou-lhes o motivo da merenda e porque estavam comigo;

a mãe e a tia disseram que eu era um herdeiro de tantos ducados de renda e que queria me casar com Aninha; que se informasse e veria que era uma coisa, não só acertada, mas de muita honra para toda sua linhagem.

Fomos para casa juntos como na noite anterior. Pediram para que jogasse, cobiçosos para me rapar; eu entendi e me sentei; tiraram o baralho e perdi uma rodada; afinal acabei ganhando uns trezentos reais, com isso me despedi e fui para casa.

Encontrei com meus companheiros Licenciado Brandalagas e Pero López, o qual estava estudando uns truques novos nos dados. Quando me viram deixaram tudo para me perguntar o que havia acontecido; disse-lhes que tinha me visto em grande aperto. Contei que tinha encontrado com dom Diego e o que tinha acontecido; consolaram-me, aconselhando que disfarçasse, e que não desistisse de modo algum.

Soubemos que jogavam na casa de um vizinho boticário. Resolvemos ir até lá. Meus amigos foram na frente e perguntaram se gostariam de jogar com um frade que tinha acabado de chegar, para se curar, na casa de suas primas; que estava doente e que tinha muitos reais. Cresceram os olhos e disseram: "Que venha o frade em boa hora." "É homem sério da ordem (replicou Pero López) e como saiu, quer se distrair e o faz mais pela conversa." "Que venha seja pelo que for." Com isso ficou tudo acertado e a mentira acreditada. Eu já estava com uma touca na cabeça, meu hábito de frade (que certa vez veio parar em minhas mãos), óculos e uma barba. Entrei muito humilde, sentei e começou o jogo; eles jogavam bem, mas os três ficaram mal-humorados porque no espaço de três horas ganhei mais de mil e trezentos reais. Deixei uma caixinha e com meu "Louvado seja Nosso Senhor" me despedi, dizendo que não se escandalizassem de me ver jogar, já que era só entretenimento.

Os outros (que tinham perdido tudo que tinham) estavam com uma raiva dos mil diabos; me despedi e saímos. Chegamos em casa à uma e meia, e fomos deitar depois de repartir os lucros. Consolei-me um pouco do que me tinha acontecido naquele dia.

Pela manhã me levantei e fui procurar um cavalo para alugar, mas não achei nenhum, o que me fez pensar que havia muitos como eu; andar a pé ficava mal. Fui para São Felipe e encontrei com o lacaio de um letrado (que tinha um cavalo e o cuidava) que tinha acabado de apear para assistir missa; coloquei quatro reais em sua mão e disse-lhe que, enquanto seu amo estivesse na igreja, me deixasse dar duas voltas na rua do Areal, que era a de minha senhora.

Consentiu; subi no cavalo e dei duas voltas rua acima e rua abaixo, sem ver nada, até que na terceira volta apareceu dona Ana. Ao vê-la, como não conhecia as manhas do cavalo, nem era bom ginete, quis fazer um galanteio; bati nele duas vezes com a vara e puxei as rédeas; o cavalo empinou e, dando coices, começou a correr, jogando-me numa poça de lama. Assim, me vi rodeado de crianças que tinham chegado e, na minha frente, minha dama. Comecei a dizer: "Oh, estas temeridades devem acabar, tinham me falado de suas manhas e quis teimar com ele." O lacaio já trazia o cavalo que tinha se acalmado; eu tornei a subir e, com o barulho, apareceu dom Diego, que estava morando na casa de suas primas. Quando o vi, fiquei mudo. Perguntou se havia acontecido alguma coisa e eu disse que não, apesar de ter machucado a perna.

O lacaio tinha pressa de pegar o cavalo de volta; que não saísse seu amo e o visse. Sou tão desafortunado que, quando me dicidia a ir embora, chegou por trás o letrado e reconhecendo seu cavalo, partiu para cima do lacaio e começou a bater nele, gritando que era patifaria dar seu cavalo a alguém; o pior foi que, virando-se para mim, disse muito bravo que eu desmontasse.

Tudo isto acontecia na frente de minha dama e de dom Diego. Nunca se viu tanta vergonha num açoitado. Estava muito triste, e com muita razão, por ver desgraças tão grandes num palmo de terra. Afinal, tive que apear. Subiu o letrado e foi embora. Eu, para tentar consertar, fiquei falando com dom Diego e disse: "Na minha vida nunca subi num cavalo tão ruim. Disse-lhe que meu cavalo estava em São Felipe e que era muito altivo na corrida e bom no trote, mas que eu o fazia correr e o fazia parar; disseram que ali tinha um com o qual não poderia fazer isso (que era o do licenciado); quis testar, mas o cavalo é muito ruim, foi um milagre não ter me matado."

"Foi sim, disse dom Diego; mas parece que sua perna se ressentiu." "Sim (disse eu então), gostaria de pegar meu cavalo e ir para casa."

A moça ficou muito satisfeita e com pena (como deu para perceber) pela minha queda; mas dom Diego suspeitou muito do que tinha acontecido com o letrado e foi totalmente a causa do meu infortúnio, fora das muitas outras coisas que me aconteceram. A maior e fundamento das outras foi quando cheguei em casa e fui ver o baú, onde tinha em uma maleta o dinheiro que tinha sobrado da herança e o que tinha ganhado no jogo (menos os cem reais que trazia comigo); descobri que o bom licenciado Brandalagas e Pero López o tinham levado e não apareciam. Fiquei como morto, sem saber o que fazer. Pensava: "É triste confiar em coisas mal ganhas, que vão como vieram! Triste de mim! O que farei?" Não sabia se ir procurá-los, se dar parte na justiça. Não achava isso bom, porque se os prendessem, poderiam contar sobre o hábito e outras coisas, e era para morrer na forca; segui-los, não sabia por onde.

Afinal, para não perder também o casamento (eu já me dava por satisfeito com o dote), resolvi ficar. Comi e pela tarde aluguei meu cavalo, indo para a rua de minha dama. Como não levava lacaio, para não passar sem ele, esperava na esquina antes de entrar, que passasse algum homem que o parecesse; quando passava partia atrás dele, fazendo-o de lacaio sem sê-lo; chegando no fim da rua, ficava lá até que aparecesse outro e assim dava outra volta.

Não sei se foi a força da verdade de ser eu o próprio malandro de que dom Diego suspeitava ou se foi a suspeita do cavalo e do lacaio do letrado ou o que foi, que ele começou a perguntar quem eu era, do que vivia e me espiava. Afinal tanto fez, que pelo mais extraordinário caminho soube a verdade; porque eu apertava com a história do casamento; ele, acossado por elas que desejavam realizá-lo, andando atrás de mim, encontrou o licenciado Flechilla (que foi quem me convidou para comer quando eu estava com os cavalheiros); este, zangado porque eu não tinha voltado, falou com dom Diego e, sabendo que tinha sido seu criado, disse-lhe como me encontrou quando me levou para comer; contou que tinha me encontrado há dois dias a cavalo, bem arrumado e que tinha contado que ia me casar ricamente.

Dom Diego não esperou mais; voltando para sua casa, encontrou com os cavalheiros do hábito e da corrente, meus amigos, junto à Porta do Sol, e contou-lhes o que estava acontecendo. Disse-lhes que se preparassem e à noite me pegassem; me reconheceriam pela capa que ele trazia e que eu a usaria. Combinaram e, entrando pela rua, me encontraram; disfarçaram tão bem os três, que nunca os tinha sentido tão meus amigos. Conversamos tratando do que faríamos até o anoitecer.

Despediram-se os dois e foram rua abaixo; eu e dom Diego ficamos sozinhos e fomos para São Felipe. Chegando na entrada da rua da Paz, disse dom Diego: "Por favor dom Felipe, troquemos as capas que quero passar por aqui sem que me reconheçam." Aceitei e peguei a sua inocentemente, dando-lhe a minha; ofereci-me para seu guarda-costas; mas ele (que tinha pensado acabar com as minhas) disse que queria ir sozinho; que eu fosse embora. Tinha acabado de me afastar dele com sua capa, quando ordenou o diabo que dois que aguardavam para bater nele, entendendo pela capa que eu era dom Diego, começaram a me bater; gritei e pelos gritos e o rosto perceberam que não era ele. Fugiram e fiquei na rua com as espadadas, disfarçando três ou quatro galos; parei e fiquei por um tempo com medo de entrar na rua.

Finalmente à meia-noite, que era a hora que costumava falar com ela, cheguei na porta e aí apareceu um dos que me esperavam, mandado por dom Diego, e começou a me dar pauladas nas pernas, derrubando-me no chão; apareceu o outro e continuou batendo; tiraram a capa e me deixaram no chão, dizendo: "Assim pagam os malandros mentirosos mal nascidos." Comecei a gritar, pedindo socorro; não sabia o que estava acontecendo, mas suspeitava que podia ser o hospedeiro, de quem havia escapado com a história da Inquisição, ou o carcereiro, ou meus companheiros fugidos, e esperava de tantos lados a facada, que não sabia de quem poderia ser. Nunca suspeitei de dom Diego. Depois de muito gritar, veio a justiça; levantaram-me e quando viram em meu rosto um sulco de um palmo, me levaram para me tratar. Fomos à casa de um barbeiro, que me fez um curativo; perguntaram onde morava e me levaram até lá.

Deitei e fiquei confuso e pensativo, vendo meu rosto partido, o corpo machucado e as pernas tão doloridas que não conseguia ficar em pé. Fiquei ferido, roubado e não podia seguir os amigos nem tratar do casamento, nem ir para a corte nem nada.

Capítulo VIII

De minha cura e outros acontecimentos peregrinos

Pela manhã, amanheceu em minha cabeceira a dona da casa, mulher de bem, de cinqüenta e cinco anos; tinha um terço grande e a cara enrugada como casca de noz. Chamava-se Tal de la Guia, alugava sua casa e era corretora para alugar outras. Fiquei em casa me curando durante oito dias, sem poder sair; levei doze pontos no rosto e precisei usar muletas.

Estava sem dinheiro, porque os cem reais foram gastos em cama, comida e pousada; para não gastar mais, não tendo dinheiro, resolvi sair com as muletas e vender minha roupa que era boa. Com o que me deram comprei uma roupa velha, remendada e grande. Trazia um Cristo de bronze pendurado no pescoço e um terço. Impostei a voz com frases doloridas de pedir, homem que entendia muito dessa arte e assim comecei a exercitá-la pelas ruas. Guardei sessenta reais que me sobraram e com isso, confiando em minha boa prosa, me fiz de pobre. Andei oito dias pelas ruas, pedindo com voz dolorida e tom de súplica: "Dai, bom cristão, servo do Senhor, ao pobre aleijado." Dizia isto nos dias de trabalho, mas nos feriados começava com voz diferente e dizia: "Fiéis cristãos e devotos do Senhor por tão alta princesa como a Rainha dos anjos, Mãe de Deus, uma esmola para um pobre paralítico e machucado pela mão do Senhor." Parava um pouco e logo acrescentava: "Um vento maléfico, ao trabalhar numa vinha, travou meus membros; me vi curado e bem como vêem, louvado seja Deus."

Ganhava muito dinheiro e ganharia mais se não atravessasse meu caminho um moço mal-encarado, manco dos braços e com uma perna só, que andava pelas mesmas ruas numa carreta e recolhia mais esmolas pedindo de modo malcriado. Dizia com voz rouca, terminando num guincho: "Lembrem, servos de Jesus Cristo, do castigo do Senhor por meus pecados; dêem ao pobre o que Deus recebe"; e acrescentava: "Pelo bom Jesu"; eu percebi que isso dava resultado e não disse mais Jesus, mas tirava o "s", porque aumentava a devoção. Afinal mudei algumas frases e recolhia muito dinheiro. Levava as pernas num saco de couro amarrado e as muletas.

Dormia no portal de um cirurgião, junto com outro pobre (um dos maiores velhacos que Deus criou); era como se fosse nosso reitor e ganhava mais que todos; tinha uma hérnia muito grande e amarrava com uma corda o braço por cima, parecendo que tinha a mão inchada e manca, com febre, tudo junto. Ficava de barriga para cima em seu posto, com a hérnia de fora, tão grande como uma bola, e dizia: "Olhem a pobreza e o presente que faz o Senhor ao cristão!" Se passava uma mulher dizia: "Bela senhora, Deus esteja em sua alma"; muitas, porque as chamava assim, davam esmolas e passavam por lá, mesmo que não fosse seu caminho. Se passava um soldado dizia: "Ah, senhor capitão!"; se fosse outro qualquer: "Ah, senhor cavalheiro!" Se ia alguém numa carruagem, logo o chamava de senhoria, enfim, ele adulava todo mundo. Tinha um modo diferente de pedir nos dias santos; cheguei a ter tanta amizade com ele, que me contou um segredo e em dois dias estávamos ricos. Ele tinha três garotos pequenos, que recolhiam esmolas e furtavam o que podiam. Entregavam tudo a ele, e ele guardava.

Com os conselhos de tão bom mestre e com as lições que me dava, tomei o mesmo caminho; e ele mesmo me encaminhou os garotos com esse propósito. Em menos de um mês, tinha mais de duzentos reais livres. Ultimamente me declarou (pensando que fôssemos juntos) o maior segredo e a mais alta habilidade que coube a um mendigo e ambos a pusemos em prática. Furtávamos crianças cada dia, quatro ou cinco; apregoávamos, saíamos perguntando e dizíamos: "Certamente, senhor, encontrei-o a tal hora e, se não chego a tempo, um carro poderia tê-lo matado, já está em casa." Enriquecemos de tal maneira, que eu tinha cinquenta escudos e as pernas curadas, apesar de mantê-las cheias de trapos.

Resolvi sair da corte e tomar o caminho de Toledo, onde não conhecia ninguém nem ninguém me conhecia. Afinal me decidi, comprei uma roupa parda, gola e espada e me despedi de Valcazar (que era o pobre de quem falei); fui procurar nas tavernas como ir para Toledo.

Capítulo IX

Onde passo por representante e poeta

Numa pousada encontrei uma companhia de saltimbancos que ia para Toledo; eles tinham três carroças,e quis Deus que entre eles, estivesse um que havia sido meu companheiro de estudos em Alcalá, e que havia desistido e entrado para a companhia. Disse a ele que queria ir para lá e sair da corte; ele quase não me reconhecia pela facada e se benzia ao me olhar. Afinal fizemos amizade (por meu dinheiro) e conseguiu um lugar para que eu fosse com eles.

Comecei a representar uma parte da comédia de Santo Aleixo, que lembrava de quando era garoto; representei tão bem que gostaram; sabendo pelo que contei a meu amigo de minhas desgraças, me perguntaram se queria trabalhar com eles. Acabei gostando da vida da farândola e como tinha necessidade de companhia, acabei acertando por dois anos com o autor; fiz minha parte e ele me deu lugar nas representações; com isso chegamos a Toledo. Deram-me para estudar três ou quatro elogios e outros papéis, nos quais coloquei todo meu empenho; impostava bem minha voz e fiz meu primeiro elogio; era sobre uma nave que chegava destroçada e sem provisões e eu dizia: "Este é o porto"; chamava a gente do senado, pedia perdão pelas falhas e fazia silêncio. Afinal apareci bem no teatro.

Representamos uma comédia de um dos nossos e me admirei de que fossem poetas, porque pensava que era de homens muito doutos e sábios e não de gente tão leiga; já é tão comum que não há autor que não escreva comédias, nem representante que não faça sua farsa de cristãos e mouros; eu me lembro que antes, se não eram comédias de Lope de Vega e Ramón, não havia outra coisa. Afinal, a comédia foi feita no primeiro dia e ninguém a entendeu; no segundo, começamos e quis Deus que começasse por uma guerra; eu estava armado com um escudo, porque se não fosse assim eu teria saído machucado pelas mãos de um mau ator. Era de se ver tal bagunça, que era própria da comédia; entrava um rei da Normandia sem propósito com roupas de ermitão, colocava dois lacaios para fazer rir e, ao desatar a confusão, casavam-se todos. Afinal tivemos nosso mérito.

Tratamos mal o companheiro poeta; eu dizia que prestasse atenção do que havíamos escapado e que aprendesse; ele disse que não tinha sido sua culpa, mas que cada um tinha colaborado com isso. Confessou-me que os farsantes que faziam comédia eram obrigados a restituir, porque se aproveitavam de tudo que tinham representado e que era muito fácil; o interesse de tirar trezentos ou quatrocentos reais os expunha a esses riscos. Como andavam por muitos lugares, uns e outros liam comédias, que pegavam para ver e depois furtavam, mudando uma coisa aqui e outra ali, dizendo que eram suas. Declarou-me que não houve farsantes que soubessem fazer versos de outro modo.

Não achei má a idéia e confesso que me decidi por ela, por achar que tinha inclinação para a poesia, mais ainda porque tinha conhecimento de alguns poetas e tinha lido Garcilaso. Com isso de representar passava a vida e depois de um mês em Toledo, fazendo muitas comédias boas e também aprendendo com o erro anterior (eu já tinha nome e me chamavam de Alonsete, porque eu disse que meu nome era Alonso; alguns me chamavam de Cruel, que era um personagem que tinha feito com grande aceitação dos mosqueteiros e da ralé), já tinha três conjuntos de roupa e autores que pretendiam me tirar da companhia. Dava uma de entendido na comédia, falava dos famosos, repreendia os gestos de Pinedo, dava meu voto no repouso natural de Sánchez, dizia que Morales era regular; pediam meu parecer para enfeitar os teatros e montar os cenários. Se vinha alguém para ler comédias, era eu quem o ouvia.

Animado com esta aprovação, me descobri como poeta num romancezinho, depois fiz um entreato e achei que não estava mal. Me atrevi a fazer uma comédia; para que não fugisse de ser divina, a fiz sobre Nossa Senhora do Rosário. Começava com música e havia almas no purgatório e seus demônios. Gostaram muito do nome de Satã nos versos e tratar logo se tinha caído do céu. Afinal, minha comédia foi representada e ficou muito boa.

    Trabalhava muito, porque vinham me procurar apaixonados, uns querendo versos de sobrancelhas, outros de olhos; alguns queriam sobre mãos e também sobre cabelos. Cada coisa tinha seu preço, mas como havia outros, para que fizessem comigo cobrava barato. Canções? Ferviam sacristãos e freiras; cegos me sustentavam com orações (oito reais cada uma); lembro-me que fiz a do Justo Juiz, grave e sonora, que levava a fazer gestos. Escrevi para um cego, que disse que era seu, os famosos versos que começam assim:

Mãe do Verbo humano,
Filha do Pai divino,
Me dê graça virginal, etc.

Fui o primeiro a introduzir terminar os versos como os sermões, com graça e glória, como neste verso de um cativo de Tetuán:

Peçamos sem falácia
Ao alto Rei sem escória,
Pois vê nossa pertinácia,
Que queira nos dar sua graça,
E depois lá a glória. Amém.

    Estava indo de vento em popa com estas coisas, rico e próspero, de modo tal que quase aspirava a ser autor. Tinha minha casa muito bem posta, porque havia dado (para ter tapeçaria barata) num arbítrio do diabo e foi de comprar peças de tavernas e pendurá-las. Custaram vinte e cinco ou trinta reais; tinha mais para ver que as que tinha o rei, pois, estas se via que eram rasgadas e nas outras, não se via nada.

    Um dia aconteceu-me a melhor coisa do mundo que, apesar de ser para mim uma afronta, vou contá-la. Estava recolhido em minha pousada, escrevendo uma comédia; ficava lá e lá comia; uma moça subia a refeição e a deixava ali; eu tinha o costume de escrever representando, como se estivesse no palco. Quis o diabo que no momento em que a moça ia subindo pela escada (que era estreita e escura) com os pratos e a panela, eu estivesse numa parte em que dava grandes gritos, compondo minha comédia, e dizia:

Olha o urso, olha o urso,
Que está me despedaçando,
E vai atrás de ti furioso.

O que entendeu a moça (que era galega) quando ouviu dizer "vai atrás de ti furioso?" Que era verdade e que a estava avisando. Fugiu e, com o susto, pisou a barra da saia e rodou escada abaixo; derramou a panela, quebrou os pratos e saiu na rua gritando, dizendo que um urso estava matando um homem. Quando desci, estava toda a vizinhança comigo, perguntando pelo urso; e mesmo eu tendo contado o que tinha acontecido, não queriam acreditar. Não comi naquele dia; meus companheiros souberam e a história espalhou-se pela cidade. Aconteceram-me muitas coisas enquanto perseverei no ofício de poeta e não me saí mal.

Aconteceu, pois, que meu autor, sabendo que em Toledo tinha ido bem, foi condenado não sei por que dívida e foi preso. Com isso o grupo se desmembrou e cada um foi para seu lado. Eu (para dizer a verdade), mesmo que os companheiros quisessem me levar para outras companhias, como não aspirava a semelhantes ofícios e estava neles por necessidade, ao me ver com dinheiro e bem disposto, resolvi tomar uma folga.

Capítulo X

O que me aconteceu em Sevilha até embarcar para as Índias

Passei o caminho de Toledo para Sevilha prosperamente; como tinha meus princípios de trapaceiro, tinha dados carregados com nova massa de maior e menor, usava a mão direita para cobrir um dado e tinha provisão de cartões; assim não me escapava o dinheiro. Deixo de referir muitas outras flores, porque se as contasse todas, pensariam mais que sou ramalhete e não homem e também porque antes fosse dar que imitar e referir vícios dos quais fujam os homens; mas talvez declarando eu algumas brincadeiras e modos de falar, estarão mais avisados os ignorantes e os que lerem meu livro só serão enganados se quiserem...

Cheguei, pois, a Sevilha; com o dinheiro dos camaradas ganhei o aluguel das mulas, a comida e dinheiro dos hóspedes das pousadas. Fui logo para a taverna do Mouro, onde encontrei com um condiscípulo meu de Alcalá, chamado Mata; agora dizia que (por parecer um nome não muito forte) se chamava Matorral. Tratava de vidas, era vendedor de facadas e não lhe ia mal. Trazia amostra delas no rosto e pelas que tinha levado, dava para imaginar o tamanho e profundidade das que dava; ele dizia: "O melhor mestre é aquele bem esfaqueado"; tinha razão porque o rosto dele era um couro. Disse-me para jantar com ele e outros camaradas e que me levariam de volta para a taverna.

Chegamos a sua pousada e disse: "Tire a capa, e pareça homem; esta noite verá todos os bons filhos de Sevilha; baixe a gola, curve as costas, use a capa caída e faça muitos gestos; troque o 'g' por 'h' e o 'h' por 'g'." Guardei na memória. Emprestou-me uma adaga que na largura parecia alfanje e no comprimento, espada. "Beba (me disse) este vinho puro; que se não der baforadas não parecerá valente." Eu estava meio zonzo pelo que tinha bebido, quando entraram quatro deles, balançando-se ao andar; não estavam cobertos pelas capas e sim enfaixados no lombo, os chapéus empinados na testa, uma guarnição completa de adagas e espadas, os olhos baixos, o olhar forte, bigodes como chifres, e barbas turcas. Fizeram um gesto com a boca e disseram a meu amigo (com vozes mal-humoradas e cortando as palavras): "Seidor." "So compadre", respondeu meu aio. Sentaram e para perguntar quem eu era não disseram uma palavra; só um olhou para Matorral e, empurrando o lábio em minha direção, me indicou; meu mestre de noviços os satisfez empunhando a barba e olhando para baixo; com isso, muito alegres, levantaram-se todos e me abraçaram e eu retribuí; foi o mesmo que tomar quatro tipos diferentes de vinho.

Chegou a hora do jantar; vieram servir a mesa uns malandros que chamavam de canhões. Sentamos todos juntos à mesa; trouxeram alcaparras e com isso começaram a beber em minha honra; eu até que os vi beber, não sabia que tinha tanta. Veio peixe e carne, tudo dava muita sede. Havia um barril no chão, cheio de vinho. Começaram a falar de guerra, corriam os juramentos; morreram de brinde em brinde vinte ou trinta sem confissão. Receitaram ao assistente mil punhaladas; tratou-se da boa memória de Domingo Tiznado e Gayón; derramou-se vinho em quantidade pela alma de Escamilla. Os que ficaram tristes choraram muito pelo malogrado Alonso Alvarez.

Meu companheiro, com estas coisas, estava com o relógio da cabeça atrapalhado e disse com voz rouca, pegando um pão com as duas mãos e olhando para a luz: "Por esta que é a cara de Deus e por aquela luz que saiu pela boca do anjo, que esta noite vamos acertar com o guarda que seguiu o coitado do Zarolho." Todos gritaram e, tirando as adagas, juraram, colocando cada um a mão na beirada do barril; com os focinhos sobre ele disseram: " Assim como bebemos vinho, beberemos o sangue de todos os perseguidores." "Quem é esse Alonso Alvarez (perguntei), que tanto sentiram sua morte?" "Mancebo (disse um), era um lidador afidalgado, moço de mãos e bom companheiro. Vamos, que me tentam os demônios."

Com isso saímos da casa, em busca dos guardas. Como eu ia entregue ao vinho e havia renunciado, por seu poder, aos meus sentidos, não adverti o risco que corria. Chegamos à rua do Mar, onde encontramos a ronda. Apenas os vislumbramos, tirando as espadas, arremetemos contra eles. Eu fiz o mesmo e limpamos dois corpos de suas más almas no primeiro encontro. O delegado colocou a justiça em seus pés e fugiu rua acima, gritando. Tivemos que parar e nos recolhemos na igreja Maior, onde nos amparamos do rigor da justiça e dormimos o necessário para aplacar o vinho que fervia em nós. Depois de haver recuperado a razão, eu me espantava de ver que a justiça tinha perdido dois guardas e que o delegado tinha fugido do cacho de uvas que éramos nós. Estávamos bem na igreja. A justiça não se preocupava em nos procurar.

Eu vi que durava muito esse negócio e mais a fortuna a me perseguir, não por ter aprendido (não sou tão sensato, mas por estar cansado, como obstinado pecador); resolvi ir para as Índias para ver se, mudando de ares e terra, melhorava minha sorte. E foi pior, pois nunca melhora seu estado quem muda só de lugar e não, de vida e costumes.

Coleção Grandes Obras do Pensamento Universal

1 – Assim Falava Zaratustra – *Nietzsche*
2 – A Origem da Família, da Propriedade Privada e do Estado – *Engels*
3 – Elogio da Loucura – *Erasmo de Rotterdam*
4 – A República (parte I) – *Platão*
5 – A República (parte II) – *Platão*
6 – As Paixões da Alma – *Descartes*
7 – A Origem da Desigualdade entre os Homens – *Rousseau*
8 – A Arte da Guerra – *Maquiavel*
9 – Utopia – *Thomas More*
10 – Discurso do Método – *Descartes*
11 – Monarquia – *Dante Alighieri*
12 – O Príncipe – *Maquiavel*
13 – O Contrato Social – *Rousseau*
14 – Banquete – *Dante Alighieri*
15 – A Religião nos Limites da Simples Razão – *Kant*
16 – A Política – *Aristóteles*
17 – Cândido ou o Otimismo – O Ingênuo – *Voltaire*
18 – Reorganizar a Sociedade – *Comte*
19 – A Perfeita Mulher Casada – *Luis de León*
20 – A Genealogia da Moral – *Nietzsche*
21 – Reflexões sobre a Vaidade dos Homens – *Mathias Aires*
22 – De Pueris – A Civilidade Pueril – *Erasmo de Rotterdam*
23 – Caracteres – *La Bruyère*
24 – Tratado sobre a Tolerância – *Voltaire*
25 – Investigação sobre o Entendimento Humano – *David Hume*
26 – A Dignidade do Homem – *Pico della Miràndola*
27 – Os Sonhos – *Quevedo*
28 – Crepúsculo dos Ídolos – *Nietzsche*
29 – Zadig ou o Destino – *Voltaire*
30 – Discurso sobre o Espírito Positivo – *Comte*
31 – Além do Bem e do Mal – *Nietzsche*
32 – A Princesa de Babilônia – *Voltaire*
33 – A Origem das Espécies (Tomo I) – *Darwin*
34 – A Origem das Espécies (Tomo II) – *Darwin*
35 – A Origem das Espécies (Tomo III) – *Darwin*
36 – Solilóquios – *Santo Agostinho*
37 – Livro do Amigo e do Amado – *Lúlio*
38 – Fábulas – *Fedro*
39 – A Sujeição das Mulheres – *Stuart Mill*
40 – O Sobrinho de Rameau – *Diderot*
41 – O Diabo Coxo – *Guevara*
42 – Humano, Demasiado Humano – *Nietzsche*
43 – A Vida Feliz – *Sêneca*
44 – Ensaio sobre a Liberdade – *Stuart Mill*
45 – A Gaia Ciência – *Nietzsche*
46 – Cartas Persas I – *Montesquieu*
47 – Cartas Persas II – *Montesquieu*
48 – Princípios do Conhecimento Humano – *Berkeley*
49 – O Ateu e o Sábio – *Voltaire*
50 – Livro das Bestas – *Lúlio*
51 – A Hora de Todos – *Quevedo*

52 – O Anticristo – *Nietzsche*
53 – A Tranqüilidade da Alma – *Sêneca*
54 – Paradoxo sobre o Comediante – *Diderot*
55 – O Conde Lucanor – *Juan Manuel*
56 – O Governo Representativo – *Stuart Mill*
57 – Ecce Homo – *Nietzsche*
58 – Cartas Filosóficas – *Voltaire*
59 – Carta sobre os Cegos Endereçada àqueles que Enxergam – *Diderot*
60 – A Amizade – *Cícero*
61 – Do Espírito Geométrico - Pensamentos – *Pascal*
62 – Crítica da Razão Prática – *Kant*
63 – A Velhice Saudável – *Cícero*
64 – Dos Três Elementos – *López Medel*
65 – Tratado da Reforma do Entendimeno – *Spinoza*
66 – Aurora – *Nietzsche*
67 – Belfagor, o Arquidiabo - A Mandrágora – *Maquiavel*
68 – O Livro dos Mil Provérbios – *Lúlio*
69 – Máximas e Reflexões – *La Rochefoucauld*
70 – Utilitarismo – *Stuart Mill*
71 – Manifesto do Partido Comunista – *Marx e Engels*
72 – A Constância do Sábio – *Sêneca*
73 – O Nascimento da Tragédia – *Nietzsche*
74 – O Bisbilhoteiro – *Quevedo*
75 – O Homem dos 40 Escudos – *Voltaire*

Futuros Lançamentos:

- Dicionário Filosófico – *Voltaire*
- Filosofia da Miséria – *Proudhon*
- A Miséria da Filosofia – *K. Marx*
- Crítica da Razão Pura – *I. Kant*
- A Cidade do Sol – *Campanella*
- Dos Delitos e das Penas – *Beccaria*

Impressão e Acabamento:
Oceano Ind. Gráfica – (11) 4446-6544

• 2007 •